AF401700

hist.º Nº

Cat. demyon. 26283.

# VOYAGE

## DES PAIS

## SEPTENTRIONAVX.

Dans lequel se void les mœurs, maniere de vivre, & superstitions des Norweguiens, Lappons, Kiloppes, Borandiens, Syberiens, Samojedes, Zembliens, & Islandois, enrichi de plusieurs figures.

*Par le sieur* DE LA MARTINIERE,



A PARIS,

Chez LOUIS VENDOSME, Libraire, dans la court du Palais, proche l'Hostel de Mr le Premier President, au Sacrifice d'Abraham. 1671.

AVEC PRIVILEGE DV ROY.

# A
# MESSIEURS
## LE
# PREVOST
## DES MARCHANDS
## ET
# ESCHEVINS
## DE LA VILLE DE PARIS.

*ESSIEVRS,*

*Contemplant ce Navire fourni de tout*
*son attirail, vogant en pleine Mer, qui sont*

les Armes de cette fameuſe Ville, que vous gouvernez par vos prudentes deliberations, en eſtant les principaux appuis, où vous faites paroître, que vous vous acquitez avec advantage de l'excellence de vos Charges; m'oblige de vous preſenter ce Vogueur Marchand, pour exciter les Pariſiens de voir les Mers, afin que dans leurs navigations ils ſe rendent auſſi recommandables par leurs induſtries ſur les eaux, comme ils le ſont ſur terre, & que leur Ville natalle en ſoit d'autant plus renommée, bien qu'elle le ſoit déja beaucoup par les ſoins que vous prenez, & par les charitez que vous y exercez, qui font connoître, que vous eſtes fort integres & éclairez par les ſoins que vous employez en la conſervation publique, ſans y meſler vos intereſts particuliers, comme vrais Magiſtrats, que je puis comparer à ces bòns Pilottes, qui employent toutes leurs induſtries à bien conduire les Vaiſſeaux qu'ils prennent en leur charge. Puis que vous de meſme, MESSIEVRS, par vòtre vertu & ſage économie, vous vous montrez lès Peres de vos Compatriotes; En eſtant du *nombre, & de ceux aussi qui profitent de vos bons Reglemens. Desirant vous le témoigner, permettez que je me dise en tous endroits,*

MESSIEURS,

Vôtre tres-humble &
tres-obeïssant serviteur,
DE LA MARTINIERE.

# LE LIBRAIRE AV LECTEVR.

IL est peu de Livres qui soient plus conformes au temps où nous vivons que celuy-cy, dans lequel vous pouvez remarquer les Païs les plus recherchez, principalement pour les Fourures, & pour les diverses choses que l'on tire des Monstres de Mer, Mr de Clerac, Avocat au Parlement de Bordeaux, écrit que cent ans avant la navigation de Christophle Colomb, les François avoient fait voile vers Baccalaos & le Nord de l'autre Hemisphere, & que si les Estrangers n'avoient pas dérobé à nôtre Nation la gloire d'avoir découvert les Indes Occidentales, ils auroient advoüez avec Magin, que celuy qui porta la prémiere nouvelle du nouveau Monde estoit vn François, qui avoit voyagé au Septentrion. Presentement il n'y a pas moins de voyageurs curieux qu'il y en avoit alors, Monsieur de la Martiniere est en cela preferable aux autres, en ce qu'il n'a pas tant recherché le gain, qu'observé les choses curieuses, pour lesquelles vous representer & vous les rendre plus agreables, j'ay fait faire sur les desseins qu'il m'en a donnez les corporances & vestemens des Nations differentes, les animaux, & les autres particularitez qu'il a veuës.

# TABLE.

# .TABLE

*Extraict du privilege du Roy.*

PAr Lettres Patrentes du Roy, données à Paris le 5 Mars 1671. Signé, Par le Roy en son Conseil, D'ALENCE. Il est permis à Louis Vendosme, Marchand Libraire, de faire imprimer, vendre & debiter le *Voyage des païs Septentrionaux* du Sr DE LA MARTINIERE, en quelque forme, caractere, & autant de fois qu'il voudra, pendant le temps & espace de dix années, à compter du jour qu'il sera parachevé d'imprimer pour la premiere fois, avec trés expresses defenses à toutes personnes de quelque qualité & condition qu'elles soient, d'imprimer ou faire imprimer ledit Voyage sous les peines portées par lesdites Lettres.

*Registré sur le Livre de la Communauté des Imprimeurs & Libraires de cette Ville de Paris, le 28 Aoust 1671. suivant l'Arrest de la Cour de Parlement du 8 Avril 1653.* Signé, TIERRY, Syndic.

Achevé d'imprimer pour la premiere fois le 20 Aoust 1671.

# VOYAGE
## DES PAIS
## SEPTENTRIONAVX.

### CHAPITRE I.

*Embarquement de l'Auteur à Coppenha-guen dans un Vaiſſeau de la Compagnie du Nord pour le Roy de Dannemarck, & de ſon arrivée à Chriſtiania en Norwegue.*

'AN mil ſix cent quaran-te-ſept Fridrich, troiſié-me du nom, Roy de Dan-nemarck, curieux de l'a-vancement de ſes Sujets & du Commerce, fit établir deux Com-

A

pagnies dans Coppenhaguen , capitale Ville du Royaume, l'vne d'Islande & l'autre du Nord, laquelle ayant remarqué que le trafic de Norwegue luy avoit esté avantageux, obligea les interessez de cette Compagnie, l'an mil six cens cinquante-trois à la fin de Fevrier, de representer à Sa Majesté Danoise le profit qu'il en pourroit venir, si l'on alloit plus avant que l'on n'avoit esté , & que l'on en rapporteroit sans doute diverses marchandises.

Sa Majesté ayant prété l'oreille à cét avis y consentit ; ce qui obligea Messieurs de cette Compagnie de faire équiper trois Navires pour faire ce voyage.

Estant pour lors à Coppenhaguen, & apprenant que Sa Majesté avoit donné ordre à ceux qui devoient faire ce voyage de faire des recherches exactes des terres qu'ils aborderoient, & d'en rapporter plus de curiositez que faire se pourroit , afin de le rendre plus recommandable, est ce qui m'obligea d'aller trouver un de mes amis, qui estoit un des principaux interessez, que je priay de me faire accepter de la Compagnie pour Chirurgien d'un de ces Vaisseaux, ce qu'il fit.

Estans munis de tout ce qu'il nous estoit necessaire, nous nous embarquâmes six jours aprés, & ayant levé l'ancre, faisant beau temps, avec un vent de Sud Est, cinglans jusques au *Kat gat*, nommé par les François *Trou du that*, détroit qui sepate l'Occean Germanique de la Mer Baltique, lieu tres-dangereux à passer pour les écueils qui s'y rencontrent, & qui contient quarante lieuës, sçavoir depuis Helseneur jusques à Schagerhort.

Comme nous estions vis à vis de Maëstrand, qui est une petite Ville, & Port de Mer, à environ trente lieuës de Coppenhaguen, un vent du Nord nous prit avec telle impetuosité, qu'il nous fit reculer environ dix lieuës ; ce qui nous obligea de chercher Port, & retirer sous les côtes de Schllot, où nous

nous y mîment à labry sous le Château,
qui ne paroist qu'une vieille masure in-
habitable, abandonné depuis plusieurs
années , quoy que signalé à cause de
ses promontoires.

Ayant là demeuré à l'ancre deux
jours entiers, le troisiéme une heure
devant Soleil leué un vent d'Est venant, fit que nous levâmes l'ancre pour
continuer nôtre route.

Nous neûmes pas vogué quatre heures, qu'un vent de Nord Nort-Est s'é-
leva si fort, que nous fûmes contraint
de quitter les côtes de Gottenbourg
où nous estions, nous poussant tout à
fait à celles de Jutland : Comme de ce
côté-là il y a quantité de bancs de sa-
ble, il nous falut à tous momens jetter
la sonde. Allans ainsi une bouffée de
vent nous poussa en un endroit, où il
n'y avoit que trois brasses & demie
d'eau, où là nous eussions esté échoüez
sans doute, si nostre Pillote qui estoit
fort adroit n'eût fait promptement dé-
tourner le Vaisseau, & prendre la fa-

veur du vent, qui nous pousſa enſuite
en un lieu où demi-heure aprés trouvâmes par la ſonde quinze braſſes d'eau,
ce qui nous obligea de tenir la Mer à
la bouline le mieux qu'il nous fut poſſi-
ble pour ne pas retourner en arriere.

Eſtans éloignez environ de deux
lieuës du banc où nous avions penſé
échoüer , nous nous apperçeumes
eſtre ſur un tournant d'eau, qui nous
arreſtoit tout court, comme ſi nous
avions eſté ancrez, nonobſtant le vent,
ce qui nous obligea de ployer les voiles, ne laiſſant que celuy de Mizaine
pour tâcher de nous en retirer, & fûmes
en cette peine preſque douze heures,
où nous y aurions eſté encore d'avantage, s'il ne ſe fut élevé un vent fort du
Sud-Sud-Oüeſt, qui nous obligea de
tendre tous nos voiles, pour avec ſa
faveur nous retirer de ce méchant lieu,
cinglant vers les côtes de Bahus.

Aprés avoir vogué quelques jours &
quelques nuits avec plaiſir, nous dé-
couvrîmes ſur les huit heures du matin

A ij

les Promontoires de Christiansand, petit village renommé pour la commodité de son Port, & sur la nuict du lendemain arrivâmes à Christiania.

## CHAP. II.

*Particularitez des environs de Christiania,*
*mœurs & maniere de vivre des Païsans*
*Norweguiens.*

ESTANS entrez dans le Port de Christiania nous y débarquâmes pour aller porter des Lettres à deux Marchands associez de la Compagnie qui y demeuroient, lesquels apprenans par icelles l'entreprise que l'on avoit faite pour l'augmentation du negoce du Nord du consentement de Sa Majesté Danoise, nous receurent avec joye, & nous traitterent magnifiquement.

Un de ces Marchands, voyant que j'estois estranger, & apprenant aussi que j'estois recommandé d'un des principaux interessé, pour me faire voir le plus de particularitez que l'on pour-

roit, commande à un de ses domestiques qui parloit François, de me mener
à deux ou trois lieuës dans le païs pour
en observer les particularitez ; ce qu'il
fit dés le lendemain de bon matin, me
faisant monter sur un cheval, & luy sur
un autre , & nous allâmes ensemble à
Wisby, qui est un grand Village à trois
lieuës de Christiania , bâti entre des
Montagnes, dont les maisons sont fort
basses, faites de bois sans aucun ferre-
ment, sans fenestres, le jour ny entrant
que par une lucarne, qui est au milieu
du toict, & sont toutes couvertes de
gazons de terre.

Les Païsans Norweguiens sont sim-
ples & bons hospitaliers, tous pecheurs,
ne faisans trafic que d'Harans, Moluës,
Merluches, Stockfisch , & autres poissons, tant frais, salez, que secs, & sont
tous esclaves de la Noblesse.

Les Femmes Norweguiennes sont
fort belles, quoy que rousses, aiment
les Estrangers, & sont bonnes menage-
res, elles fillent, & font de la toille pour

leur ménage, & gouvernent le bétail, lequel y est en quantité de toutes sortes d'especes, comme en France : il y a aussi force gibier, comme Elends, Cerfs, Chevreuils, Sangliers, Chamois, Boucs sauvages, Lapins, Liévres, & de toutes especes de volatilles, & aussi quantité de Loutres, Castors, Lynx, & Chats sauvages de diverses couleurs.

Toute la Norwegue est un païs montueux, qui ne peut-estre ensemencé de grains, dequoy on puisse faire du pain, quoy qu'il y en ait quantité qui leur est apporté des païs estrangers par le moyen de la navigation, il est toutefois abondant en tres-bon pâturage & en bois.

## CHAP. III.

*De la chasse de l'Elend, ridicule opinion de
la vertu de son pied, de la valeur de la
Noblesse Norweguienne, & de son
autorité.*

Sortans de Wisby pour retourner à Christiania nous fismes rencontre d'un Gentil-homme, suivy de
deux valets, qui avec des chiens alloit
à la chasse, lequel connoissant la personne avec qui j'estois luy demanda, s'il
vouloit avec moy avoir le plaisir de la
chasse de l'Elend, ce que nous acceptâmes: Ayans ensemble cheminé environ
un quart de lieuës, nous rencontrâmes
un Chasseur des domestiques de ce Gentil-homme, accompagné de dix ou
douze païsans, qui nous menerent encore environ trois quarts de lieuës delà
vers un grand bois fort touffu, à l'entrée duquel nous mîmes pied à terre,
donnans à garder nos chevaux à un
des ses valets.

La chasse ayant esté preparée le jour
de devant par les Sujets de ce Gentil-
homme, fit que nous ne fûmes pas à
plus d'une portée d'un coup de pistolet
dans le bois, que nous avisames un
Elend, qui courant devant nous, tomba tout d'un coup sans avoir esté tiré,
ny avoir entendu tirer; ce qui m'obligea de demander à mon guide & interprete, d'où venoit que cét animal estoit
tombé de la sorte; à quoy il me répondit, que c'estoit du mal caduc, duquel
tous ces animaux sont affligez, qui est
la cause pour laquelle on les nomment
*Elends*, qui veut dire *miserables*. Cét
animal est de la hauteur d'un grand
Cheval, le corps fait comme celuy d'un
Cerf, mais plus gros & long, les jambes hautes, le pied large & fendu, le
bois grand, velu, & large comme celuy
du Daim, non pas si fourny de cornichons que celuy du Cerf; & n'estoit ce
mal qui le fait tomber, on auroit de la
peine à l'attraper; Ce que je vis peu
aprés que le Gentil-homme Norwei-

guien eut tué cét Elend dans son mal,
en poursuivant ensuite un autre pendant plus de deux heures sans le pouvoir attraper, & que nous n'aurions
jamais pris sans qu'il tomba comme le
premier du mesme mal caduc, aprés
avoir tué trois des plus forts chiens de
ce Gentil-homme avec les pieds de devant, ce qui le fâcha fort, & ne voulut
pas chasser d'avantage : Il envoya
querir un charriot à une mettairie
qu'il avoit à demie lieuë de là, pour
emporter la chasse, qu'il fit mener à son
Chasteau, lequel estoit bâti à l'antique,
comme sont tous les autres du païs, où
nous fûmes avec luy à une grande lieuë
plus loin que Wisby, où là il nous re-
gala splendidement.

Ce Gentil-homme apprenant de celuy qui m'accompagnoit que j'estois
estranger, & recommandé de Messieurs de la Compagnie du Nord esta-
blie à Coppenhaguen, l'obligea pour
témoignage d'amitié de me donner les
pieds gauches de derriere des Elends

qu'il avoit tué, me faisant entendre
que c'estoit un remede souverain pour
ceux qui tombent du haut-mal, à quoy
je répondit en riant, que je m'eston-
nois que ce pied ayant tant de vertu,
l'Animal qui le portoit ne s'en gueris-
soit pas, l'ayant toûjours avec soy. Ce
Gentil-homme faisant reflexion sur ce
que je disois se prit à rire, & dit que
j'avois raison, en ayant donné à plusieurs personnes affligées de pareil mal,
qui n'en avoient pas esté gueries ; &
qu'il reconnoissoit aussi bien que moy
que cette pretenduë vertu du pied
d'Elend estoit une erreur populaire.

Le lendemain de grand matin aprés
avoir dejeûné avec ce Gentil-homme,
nous le remerçiâmes de ses courtoisies,
& ayant pris congé de luy reveimmes
à Christiania.

Ayant parlé au Chapitre precedant
des mœurs des païsans Norweguiens,
je diray que les Nobles y sont accors,
magnanimes, possedent les plus hautes Charges du Royaume, sont Sou-

verains sur leurs terres, tiranissent leurs Sujets, sont bons Soldats tant par Mer que par terre, & voyagent volontiers.

## CHAP. IV.

*Rembarquement de l'Auteur à Christiania, de son arrivée à Berguen en Norwegue, & des particularitez de cette Ville.*

APRES avoir demeuré quatre ou cinq jours à Christiania, nous prîmes congé des deux Marchands de la Compagnie du Nord, qui confirmerent nos ordres, nous souhaitans un bon voyage ; & nous estans rembarquez nous levâmes l'ancre pour sortir du Port, & poursuivîme nôtre route à la faveur d'un vent de Nord-Est, qui nous continua jusques à Staf er, où là un calme tout plat nous prenant, nous obligea, ne pouvans avancer de nous mettre à pescher pour passer le temps.

Les côtes de Norwegue estant fort

abondantes en toutes fortes de poiſſons, fit que nous en prîmes une telle quantité, que nous fument obligez de faire Careſme.

Ayant demeuré en cét endroit cinq jours entiers, ſur la nuict du ſixiéme il nous vint un beau frais du Sud-Eſt, qui nous pouſſa en peu de jours à Berguen, où nous devions aller pour décharger des marchandiſes que nous avions pour ce lieu là.

Eſtans entré dans le port de Berguen, qui eſt un des beaux de l'Europe, nous y encrâmes, & tandis que l'on déchargeoit je fus voir la Ville, laquelle eſt grande comme Abeville, haute & baſſe, partie eſtant bâtie ſur des rochers, & l'autre à la rive de la Mer, & fort marchande, qui eſtoit autrefois un Archeveſché; mais qui depuis la reformation de Religion a eſté aboly, le Palais Epiſcopal ayant eſté donné aux trois Villes Anciatiques, qui ſont Hambourg, Lubeck & Bremen, pour y eſtablir leur contoir ou magazin, privilegié du Roy de Dannemarck pour le negoce.

Ce contoir ou magazin se nomme Cloître, & les negocians qui l'occupent Moines, quoy qu'ils n'en portent pas l'habit, & n'en observent pas les regles, sinon le celibat, lequel ne pouvans garder & se voulans marier, faut qu'ils abandonnent le Cloître pour jamais, se retirans en un autre lieu, pouvans toutesfois trafiquer & correspondre avec leurs confreres, desquels tout le negoce ne consiste qu'en Harangs, Moluës, Merluches & Stockfisch, qui est un poisson rond & sec, qui se debite en quantité par toute la Moscovie, Suede, Pologne, Dannemarck, Allemagne, Hollande, & autres païs.

---

# CHAP. V.

*Rembarquement de l'Auteur à Berguen, & de son arrivée à Dronthem.*

L'ON n'avoit pas encore déchargé toutes les marchandises, que

nous avions pour Berguen, que je ren-
tray dans le Vaiſſeau, & demie heure
aprés le vent s'eſtant changé en un petit Sud-Oüeſt, qui nous eſtoit favorable, nôtre Patron fit lever l'ancre &
tendre les voiles pour cingler douce-
ment entre les côtes du côté de Dronthem où nous devions aller pour y laiſ-
ſer la moitié de nôtre charge, qui ſe
devoit livrer à l'Intendant des mines
de Cuivre & d'Argent pour faire du
pain & de la bierre de proviſion pour
les mineurs.

Eſtans à peu prés à la moitié du chemin le vent ſe fortifia de telle ſorte,
que quinze ou ſeize heures aprés nous
nous trouvâmes vis à vis de Store, mais
en un inſtant le vent s'abaiſſa, ce qui
nous fit avoir un grand calme.

Comme il n'y a rien de plus en-
nuyeux aux Mariniers que le calme, ne
ſçachans à quoy s'occuper, ils reite-
rent la peſche, & prirent un tel nombre de Klippen-Fiſch, qu'ils furent
contraints d'en ſaller une grande partie,

tie, qui nous servy bien aprés.

Ce poisson est une espece de Moluë, plus grosse que celle des Terres Neufves, qui pour n'abandonner jamais les rochers se tenans toûjours au fond & tout contre, c'est ce qui luy a fait imposer en Langue Allemande ce nom de *Klippe Fisch*, qui veut dire, *Poisson de Rocher*.

Ayant demeuré dans ce calme quelques jours, un vent d'Oüest Sud Oüest se leva, qui nous aida fort pour aller à Dronthem, où nous arrivâmes trois jours aprés sur la nuict.

---

# CHAP. VI.

*Depart de l'Auteur de Dronthem pour aller voir les mines de Cuivre & d'Argent qui appartiennent au Roy de Dannemarck.*

AYANS mis pied à terre, nous allâmes rendre les Lettres que nous avions pour l'Intendant general des Minieres, que nous priâmes de faire

recevoir au plûtôt le grain que nous
luy devions livrer : A quoy nous répon-
dant, qu'il n'avoit point de Commis
pour lors en ville, eſtans tous aux mines, où il faloit qu'il envoya un homme exprés pour en faire venir un, &
qu'il ne pouvoit recevoir le grain auparavant qu'il fut venu : Ce qu'entendant, je priay le Patron de nôtre Navire
de me permettre d'aller avec le meſſager, que l'on devoit envoyer és mines
pour les voir, ce qu'il m'accorda.

Le lendemain de grand matin nous
partîmes le meſſager & moy, tous deux
à cheval, & fûmes jûques à Steckby,
qui eſt un grand village à ſix lieuës de
Dronthem, où nous fûmes obligez de
demeurer, tant à cauſe que la nuiĉt
commençoit à nous prendre, quoy
qu'il ne fut que deux heures aprés midy, qu'à cauſe qu'il y avoit un grand
bois à paſſer tres-dangereux pour la
rencontre des Ours, Loups-cerviers
& Lynx qui s'y trouvent en grand nombre.

Le lendemain à Soleil levant nous partîmes de Steckby, continuant nôtre chemin vers les mines, où nous y arrivâmes sur la nuict, & prîmes logis aux Forges, où nous y fûmes receus selon la coûtume du païs, avec du tabac, de l'eau de vie de bled & de la bierre, dequoy falut faire débauche. Trouvant là un Commis, qui pour avoir esté en France valet de Chambre d'un Gentil-homme Norweguien parloit bon François, je luy contay comme la curiosité m'avoit invité de venir où j'estois pour voir les mines, & le priay de me faire cette courtoisie que de m'y faire entrer, ce qu'il me promit pour le lendemain, & aprés une couple d'heures d'entretient nous nous en allames coucher.

# CHAP. VII.

*Particularitez des mines de Cuivre &
d'Argent qui sont en Norwegue.*

L E lendemain dés la pointe du jour
le messager avec lequel j'estois
venu & un Commis, ne manquerent
de partir pour Dronthem, me laissans
là, à la charge d'un Maître mineur, qui
devoit aussi le lendemain aller à Dronthem, avec lequel je devois retourner.

Estant levé je fut trouver ce Commis, qui parloit François, lequel avoit
fait apprester le déjeuné, tant pour luy,
moy, que ce Maître Mineur, auquel
on m'avoit donné en charge pour me
remener. Ce Commis le prie de me
faire descendre dans les mines pour y
voir travailler.

Si tôt que nous eûmes déjeuné, nous
alâmes à cinquante pas des Forges, qui
sont sur une haute montagne, où là est
l'entrée de la mine, sur le bord de la-

quelle est une machine, que les François appellent Gruë, que deux Hommes tournent, par le moyen de deux
grandes rouës où ils se mettent, l'un
dans une, & l'autre dans l'autre pour
tirer les pieces des mines, tant en pierre qu'en terre, ainsi que l'on tire les
pierres de taille & la terre à faire des
pots, aux environs de Paris,

Nous nous mîmes le Maître Mineur
& moy dans une cuve de bois, accommodée avec des bandes de fer, atta-
chés sous les exelles, & fûmes ainsi
descendus dedans la mine, laquelle
avoit bien cinquante toises de profondeur.

Estant tout au bas, il me sembloit
estre dans le Royaume de Pluton, ne
voyant de tous côtez que des cavernes
épouvantables, des feux allumez & des
Hommes, qui sont les mineurs, ressem-
blans à des Diables, tous vétus de cuir
noir, ayans sur la teste un camail, comme portent nos Prestres en Hyver, une
piece du mesme cuir, allant en pointe,

qui leur ceint le visage au dessus du
nez, descendant jusques sur la poitrine,
avec un tablier de mesme, comme vous
voyez en la figure suivante.

Chacun travaille dans ces mines dif-
feremment, les uns cizellans & coupans
la pierre de cuivre, les autres furetans,
tant pour chercher les veines de cuivre, que pour sonder, afin de découvrir

le lieu de l'eau, qui quelquesfois est ca-
chée dans les entrailles de la terre, laquelle les noyeroit s'ils n'y prenoient
garde, venant à débonder tout d'un
coup.

Le Maître Mineur, qui m'avoit fait
descendre dans la mine, appercevant
que je m'estois épouvanté, & qu'un
grand froid m'avoit saisi, sonna la clo-
chette pour donner avis en haut, que
l'on eut à nous retirer; ce qui fut fait
aussi-tôt, de mesme que l'on nous avoit
descendu, & retournâmes aux Forges,
où nous trouvâmes le Commis qui parloit François, qui nous attendoit pour
dîner.

Aprés avoir dîné, ce Commis fit
seller trois Chevaux pour aller aux mines d'argent, qui estoient à deux lieuës
de là, sur lesquels nous montâmes, luy,
le Maître mineur & moy, où y estans arrivez descendîmes à la maison de l'Intendant, qui nous receut avec joye,
nous donnant à boire à chacun un
grand verre d'eau de vie, en ayant beu

un le premier pour nous saluer, puis
nous fit apporter du tabac & de la
bierre.

Aprés nous avoir traittez de la sorte,
il nous mena aux Forges, qui sont à un
quart de lieuës de sa maison, dans lesquelles, ainsi qu'en celles de cuivre, il
y avoit plusieurs ouvriers, dont les uns
piloient les pierres, les autres l'avoient,
les autres fondoient & raffinoient, &
les autres fabriquoient des pieces mo-
noyées pour Sa Majesté Danoise.

Des Forges nous fûmes à la mine
qui est tout contre, sur une montagne,
fort haute, cornuë de tous côtez, dans
laquelle je descendis, comme en celle
de cuivre avec le Maître mineur, où je
ne vis autre chose que ce que j'avois
veu dans celle de cuivre, les Mineurs
estans vétus de méme, ne travaillent
dedans les mines pas plus long-temps
les uns que les autres, sçavoir au Prin-
temps & en Autonne trois heures le
matin, & trois l'apresdinée, en Esté
quatre le matin, & cinq l'apresdinée, &

le reste du temps ils se réjouïssent, &
dansent au son d'haubois, violons &
autres instrumens; ce que j'eu le plaisir
de voir dés le soir mesme que j'arrivay
aux Forges de cuivre; & pendant les
trois mois de l'Hyver, ils ne travaillent
point du tout, & si ne laissent ils d'estre
payez, comme quand ils travaillent, à
raison de trois liures par jour.

Ayans tout veu les particularitez des
mines d'argent, nous retournâmes au
logis de l'Intendant, où nous soupâmes & couchâmes; & le lendemain
aprés avoir dejeuné, ayans pris congé
de luy, montâmes à cheval pour retourner aux mines de cuivre, où là nous di-
nâmes; puis ayans pris congé du Commis qui parloit François, nous partîmes, le Maître mineur & moy, pour aller à Dronthem.

# CHAP. VIII.

*Du regal que recêut l'Auteur d'un Païsan Norweguien, retournant des mines d'argent & de cuivre à Dronthem,*

NOus neûmes pas cheminé plus de deux lieuës & demie, que la nuict nous prit ; ce qui nous obligea d'aller à un village en la maison d'un païsan de la connoissance du Maître mineur avec qui j'estois, qui nous receut fort honorablement selon son pouvoir, nous donnant pour souper deux Faisans & un Lievre qu'il avoit tué il y avoit une heure à la chasse, laquelle est libre à chacun en ce quartier-là, nous ayans donné en entrans dans sa maison du tabac, de la bierre, & de l'eau de vie de grain.

Aprés le souper nous nous mimes à fumer comme des dragons, & boire à qui mieux mieux de l'eau de vie & de la bierre, continuans cette débauche presque toute la nuict.

Le païsan voyant que le Maître mineur s'estoit soulé, pour luy faire honneur, fut tellement ravy, que cela l'obligea d'en faire de mesme.

Estans en cét estat on leur fit une litiere au milieu de la chambre, surquoy on les coucha, & je me mis auprés d'eux en attendant le jour.

Le Soleil estoit levé, que le Maître mineur & le païsan estoient encore dans un profond sommeil. Comme j'avois volonté d'aller coucher cette journée-là à Dronthem, & voyant que nos chevaux estoient prests, & le déjeuner qui nous attendoit, je les reveillay, puis nous nous mimes à table, & à la sortie, ayans remercié nostre hoste, nous montâmes à cheval, & allâmes si bien, que nous arrivâmes à Dronthem, la nuict n'estant pas encore close.

## CHAP. IX.

*Rembarquement de l'Auteur à Dronthem:*
*comme les Mariniers furent contraints*
*d'acheter le vent, & le danger qu'il y a*
*de naviger sur la Mer du Nord.*

DEux jours aprés, ayans déchar-
gez, & receus les provisions que
l'Intendant general des mines estoit
obligé de nous livrer, le vent estant
bon, nous nous embarquames, & quelques heures aprés fimes voile pour continuer nostre chemin.

Nous vogasmes quelques jours fort
heureusement jusques au dessous du
cercle Polaire Artique, où là un grand
calme nous prit, proche des costes.

Sçachans que ceux qui habitent le
païs de dessus le cercle, ainsi que les habitans des côtes du *Finische Scher* ou
*Mer de Finie*, font presques tous Sorciers, & disposent des vents à leur volonté, nous fit mettre la chalouppe en

Mer pour en aller acheter à un village
le plus proche, nous adreſſans au prin-
cipal Nigromencien du lieu ; auquel
ayans dit où nous voulions aller, & demandé s'il ne nous en pouvoit pas fournir pour juſques au Mourmanskoimore,
nous répondit que non, ſon pouvoir ne
s'eſtendant que juſques aux promontoires du Rouxella ; d'où voyans que
nous en eſtions encore fort éloignez,
& que de là nous pouvions facilement
aller au cap du Nord, eſt ce qui nous
obligea de le faire venir ſur nôtre Vaiſſeau pour faire marché avec luy ; &
pour cét effet prit un eſquif de peſ-
cheur, dans lequel il ſe mit avec trois
de ſes camarades, & entrerent à nôtre
bord, où y eſtans nous convinmes avec
eux pour le vent, de la ſomme de dix
Kronen, qui valent vingt livres de
France, & une livre de Tabac que nous
leur donnaſmes : Et eux pour nôtre
argent & tabac attacherent à un
coin de nôtre voile du maſt d'avant
un lambeau de toile, de longueur d'un

tiers d'aulne, l'arge de quatre doigts,
auquel il y avoit trois nœuds, puis se
retirerent dans leur esquif pour s'en
retourner.

Ils ne furent pas plustost sortis de
nostre bord, que nostre Patron defit le
premier nœud du lambeau; ce qui ne
fut pas plustost fait, qu'un vent d'Ouest
Sud-Ouest s'éleva, le plus agreable du
monde, qui nous poussa, & les autres
vaisseaux de nostre Compagnie à plus
de trente lieuës au dela du Maelstroom,
sans estre obligé de denoüer le second
nœud.

Ce Maelstroom est un tournant
d'eau le plus grand de toute la Mer de
Norwegue, où les Navires perissent en
approchant de trop prest; pour lequel
sujet ceux qui en ont la connoissance,
& qui sçavent la route s'en éloignent
de huit ou dix lieuës, tenans la hauteur
de la Mer, pour éviter grand nombres
de rochers, & pareils tournans d'eaux
qui se rencontrent, éloignez des côtes
de cinq, six & sept lieuës.

Le vent commençant à varier, & se voulant tourner au Nord, nôtre Patron denoüa le second nœud, ce qui fit que le vent nous demeura favorable jusques aux montagnes de devant Rouxela, où aprés avoir passé le coin, nôtre boussole se detourna de plus de six lignes, ce qui nous fit conjecturer qu'il y avoit de l'Aymant dans ces Montagnes, & n'eut esté que nôtre Pilote estoit fort expert nous nous serions fourvoyé.

Sçachans que les autres vaisseaux estoient dans la mesme peine que nous, nôtre Pilote fit fermer la boussole, & par un pavillon qu'il fit mettre au haut du mast de Mizaine, donna signal aux autres de le suivre; ce lieu luy estant fort connu pour y avoir voyagé avec les Hollandois, gouvernant le vaisseau par la carte marine seulement.

Nous fumes dans cette peine deux jours & deux nuicts, aprés quoy estans éloignez des montagnes, la boussole reprit son centre : ce qui nous fit connoî-

tre que nous approchions du Cap, où
le vent nous venant à manquer nôtre
Patron denoüa le troisiéme nœud.

---

## CHAP. X.

*Du danger qu'encouru l'Auteur par une
tempeste.*

LE dernier nœud estant dénoüé, il
s'éleva quelque peu aprés un vent
de Nord Nord Oüest, si furieux, qu'il
sembloit que le firmament vouloit tomber sur nous, & que Dieu par une juste
vengeance nous vouloit exterminer,
pour la faute que nous avions commise,
d'avoir adheré aux Sorciers, & ne pouvans tenir aucuns voiles, nous fumes
contraints de nous abandonner à la
mercy des flots, qui nous agitoient d'u-
ne vehemence si grande, que nous n'at-
tendions autre chose que d'y estre aby-
mez,

Quoy que nous ne fussions qu'à environ douze lieuës des costes, ayans
peine

peine de tenir la Mer, nous ne croyons
pas toutesfois que la tourmente nous
en jetteroit plus prés; mais nous fumes trompez : car le troisiéme jour sur
le midy, il nous survint une bourasque,
qui nous jetta tout d'un coup sur un
rocher à environ trente lieuës au dessus du Cap, & quatre des côtes,
où là chacun se mit à crier, demandans pardon à Dieu de bon cœur,
croyans que c'estoit le jour de nôtre
fin; & je puis asseurer que je n'ay jamais eu plus grand peur, ainsi que tous
les autres avec qui j'estois, qui aussi
bien que moy s'attendois que nôtre
vaisseau alloit se rompre en mille pieces : Mais par un bon-heur extraordi-
naire la force & agitation des vagues
nous dégagea & jetta à une portée de
pistolet du rocher, sans que nôtre vaisseau eût autre mal, qu'au dessous de la
quille, où il y eut un trou parou l'eau
entroit, & au fond de calle quelques
planches de fenduës; ce qui nous
obligea de pomper de momens en
momens.                                    C

Le quatriéme jour le vent estant
appaisé, ne voyans plus les autres vaisseaux de nostre Compagnie, cela nous
affligea fort, croyans qu'ils estoient pe-
ris; ce qui ne nous empescha pas toutesfois de poursuivre nôtre route, le vent
nous estant en quelque façon favorable.

Voyans l'eau qui entroit dans nostre
bastiment, & qui nous donnoit bien
de la peine à la tirer, nous obligea de
chercher quelque port commode pour
le racommoder, & recalfeutrer; mais
comme par tout le Nord il y a quantité de rochers dans la Mer, un peu éloignez des côtes; ce qui rend les ports &
les autres lieux inaccessibles, nous fumes contraints de naviger encores deux
jours sans pouvoir découvrir aucun
lieu propre : mais le quatriéme du matin estans és costes de Wardhus, qui est
un Chasteau que les Danois ont fait
bastir, où ils tiennent encore garnison,
& un Commis pour faire payer les
droicts aux Estrangers qui vont ou qui

viennent d'Arcangel, situé en la Mer blanche ; lequel Commis nous laissa passer sans envoyer aprés nous, nous reconnoissans Danois, tant par nostre pavillon, que par le salut que nous fismes d'un coup de canon passant devant le Chasteau, & entrâmes dans la Mer de Varanger où nous mouillâmes l'ancre à demie lieuë du Bourg.

---

## CHAP. XI.

*Arrivée de l'Auteur à Varanger dans la Laponie Danoise.*

SI-tost que nous fumes entrez, nous mimes la chaloupe en mer ; mais n'y ayant personne d'entre nous qui eut connoissance de ce lieu, lequel nous paroissoit fort sauvage, nous nous azardâmes huit, en comptant le Patron, tous bien armez, d'aller un peu avant voir, si nous ne trouverions pas un lieu encore plus commode, & s'il y habitoit des gens qui nous peussent aider.

Ayans cheminé environ demie lieuë
entrâmes en un Bourg fort peuplé, où
il y a un tres-beau Port, qui eſt Varanger, dont les habitans furent eſtonnez
de nous voir en cét équipage, nous regardans par admiration.

Noſtre Patron entendant qu'ils parloient la langue du Nord, qu'il ſçavoit
fort bien, leur demanda s'ils vouloient
bien nous permettre d'entrer dans leur
Port pour racommoder nôtre vaiſſeau

Apprenans que nous eſtions Marchands, qui alloient à la peſche du
*Wal-Rus*, que les François nomment
*Cheval Marin*, nous firent offre de leur
aſſiſtance, que nous acceptâmes ; puis
ayant reconnu la commodité du Port,
retournâmes à noſtre bord, où ſi-toſt
arrivé, levâmes l'ancre pour y aller, où
y eſtans, déchargeames noſtre leſt, qui
n'eſtoit que du ſable pour ſervir de
contre-poids, & quelques caiſſes de
tabac, avec des ballots de toile, que
nous avions avec nous, pour negotier,
ſi l'occaſion s'en preſentoit.

Tout eſtant déchargé, l'on mit le tabac & la toile dans une cabane qui eſtoit là proche, que le Patron & le Commis des Marchands firent fermer.

---

# CHAPITRE XII.

*Des mœurs, maniere de vivre, ſuperſtitions & habillemens des Lappons Danois.*

POUR eſtre en bonne intelligence avec ces habitans, qui comme je l'ay dit cy-devant ſont Lappons, nous leurs partageames quelques roulleaux de tabac, qu'ils receurent avec plus de joye, que ſi on leur eut donné de l'or, & eux pour revanche nous regallerent auſſi de ce qu'ils avoient, qui n'eſtoit que du poiſſon ſec, qu'ils mangent au lieu de pain, de la chair de Renne, qui eſt un certain animal qu'on ne void que dans la Laponie, Boranday, Samo-jeſſie & Siberie, d'Ours, & d'autres ſauvagines, que nous ne connoiſſions pas; comme auſſi du poiſſon frais, cuit fans fel, qu'ils trempent les uns dans de l'huile de poiſſon, les autres dans une ligueur aigrette, qui eſt leur boiſſon. Mais comme pas un de nous n'aymoit ces ragous, nous fumes obligez d'avoir recours aux proviſions que nous avions apportées, qui eſtoit du biſcuit & de la chair ſalée, deſquelles nous leur en preſentâmes ; mais dés qu'ils en eurent goutez, nos ragous leur parurent auſſi ridiculs que nous les leurs, n'en pouvans gouter, ils beurent toutesfois de noſtre bierre & de l'eau de vie, mais non avec tant de delice que leur boiſ-ſon ordinaire, qu'ils braſſent & font avec de l'eau commune, de la graine de Genevre, & d'une autre ſemblable aux lentilles, dont je ne me ſouvient pas du nom, qui croiſt en abondance comme le Genevre parmy les fueilles d'une plante ſemblable à la feugere, mais qui eſt plus hauté & touffuë, laquelle je n'ay veuë chez aucun Herboriſte, & font auſſi de l'eau de vie dans des cha-pelles de cuivre au bain marié, avec les mesmes grains, qui fait les mesmes effets que nôtre eau de vie, & leur boisson ordinaire que du vin.

Ces Lappons, quoy que Lutheriens de Religion, & qu'ils ayent des Prestres pour les instruire, ne laissent pas que d'adherer au Diable, estans presques tous Sorciers, & si supersticieux, que s'ils rencontrent un animal qui leur soit suspect, ils s'en retournent, & ne sortent de leur logis de toute la journée; & si à la pesche ayans jetté leurs rets, les retirans ils ne prennent qu'un poisson, tenans cela à mauvaise augure, ils s'en retournent de niesme sans plus vouloir pescher.

Tant Hommes que Femmes, sont de petite taille, mais renforcez & adroits, & ont le visage large, plat, bazané & camus, mais non tant que les autres Septentrionaux, ont les yeux semblables aux cochons, les paupieres fort retirées vers les tempes, sont stupides, sans civilité, & fort lascifs, principalemēt les femmes, s'adonnāns à tous venans, quand elles le peuvent, à l'insceu de leurs maris, sont vetuës les unes de gros drap, & les autres de peaux de Rennes, le poil en dehors, ayans les bas de mesme & des souliers faits de peau de poisson, les escailles y tenans, n'ont point d'oreilles comme des sabots, sont coiffées comme les Norweguiennes, portant les cheveux en deux nates, dont l'une leur pend sur une épaule, & l'autre sur l'autre, & sur leur teste ont une coëffe cornette de toile de Serpilliaire, ainsi qu'est tout leur linge; & d'autres ont une piece de pelice, large de huit doigts, qu'ils lient derriere leur teste, ainsi que les Egyptiennes, comme voyez en la figure 1.

Quant aux hommes, leurs habits sont tous de peau de Rennes, le poil en dehors, & courts, ne consistant qu'en une camisole, qui descend jusques à la moitié des cuisses, & un haut de chausse, & pour chossure des bas de la mesme peau, aussi le poil en dehors, & par dessus des bottes de peau de pois-

son, si bien faites, quoy que grossieres,
que l'on n'en peut pas voir la couture.
Il y en a plusieurs qui ne portent point
de bottes, mais des souliers de mesme
que les femmes ; & pour çoëffure ont
un bonnet tout rond à la matelotte,
aussi de peau de Rennes, le poil ende-
hors, bordé par embas d'une bande de
peau de Renard, les uns blancs, & les autres gris comme vous voyez la figure 2.

Les logemens de ces Lappons sont de

mesme que ceux du territoire de Christiania, n'ayans le jour que par le haut.

Ils ne se servent point de licts pour se
coucher, non plus  que tous les autres
Lappons, Borandiens, Samoïdes, Siberiens, Zembliens, qu'Islandois, & autres nations Septentrionnalles , esten-
dans tous les soirs par terre au milieu de
la chambre des peaux d'Ours, sur lesquelles ils se couchent, le maître, la
Maîtresse, les enfans, les valets & les
servantes pesle-mele sans aucun scru-
pule, & le lendemain estans levez ils
remettent ces peaux où ils les ont prises.

Dans chaque maison il y a un gros
chat noir, duquel ils font grand estime,
parlant à luy comme s'il avoit de la
raison, ne font rien qu'il ne luy com-
munique, croyans qu'il leur aide en
leurs entreprises, ne manquans tous les
soirs de sortir de leurs cabannes pour le
consulter, & les suit par tout où ils vont,
tant à la pesche qu'à la chasse.

Quoy que cet animal ait la figure
d'un chat par son regard, qui est épou-

vantable, j'ay creu & croy encore que c'eft un Diable familier.

---

# CHAP. XIII.

### *Départ de l' Auteur de Varanger pour aller au Mourmanskoimore.*

LE lendemain de nôtre arrivée à Varanger, nôtre vaiſſeau eſtant tout à fait déchargé, les Habitans de ce lieu nous aiderent à le renverſer pour le racommoder ; & le Patron y reconnoiſſant le mal beaucoup plus grand qu'il ne ſe l'eſtoit imaginé, pria ces Habitans de luy trouver du bois propre pour le racommoder; ce qu'ils firent, en allant couper ſur une montagne qui eſtoit proche.

Le Commis des Marchands, voyant que l'on feroit quelque temps pour racommoder nôtre bâtiment, trouva à propos d'aller dans le païs, voir ſi l'on n'y trouveroit pas quelque choſe à negotier. Pour cét effet me choiſit, &

deux autres encore, afin de l'accompa-
gner, & dés le lendemain au matin, qui
estoit le douziéme jour de Mars, nous
primes du tabac & des toiles pour trafiquer ; du biscuit, de la chair salée &
priâmes trois de ces habitans d'aller
avec nous, tant pour nous montrer les
chemins, que pour nous aider à porter
nos marchandises & provisions jusques
au premier bourg ou village que nous
trouverions ; ce qu'ils nous octroye-
rent, & partimes, cheminans à travers
bois, montagnes & valons, sans rencor-
trer ame qui vive, jusques à environ
quatre heures du soir que nous apperceumes deux Ours blancs, d'excessive
grosseur, qui venoient à nous tout ef-
farouchez ; ce qui nous effroya.

Nos conducteurs voyant la crainte
que nous avions, nous dirent de n'avoir
pas peur, que nous n'avions qu'à tenir
nos armes en estat pour nous defendre
en cas qu'ils nous approchassent de
trop prest ; ce que nous fimes, rafraischissans d'amorce nos fuzils ; lesquels

soit pour en voir la lueur, ou pour sentir la poudre, ils s'enfuirent de telle vitesse d'un autre côté, que nous les perdimes de veuë ; & une heure aprés descendans une montagne, nous vimes au bas une douzaine de maisons fort éloignées les unes des autres, & plus loin, deux troupeaux d'animaux, faits comme des Cerfs, que nos guides nous dirent estre des Rennes.

Estans arrivez au village, nos guides nous menerent dans une cabane, en laquelle nous nous reposames, estans fort arrassez, tant par la pesanteur de ce que nous avions apportez, que pour le chemin que nous avions fait par des lieux trés-facheux : Nous donnâmes à nôtre hôte un morceau de tabac, qu'il prit avec joye, nous assurant qu'il y avoit plus de neuf mois, qu'on ne luy avoit fait un present si considerables, pour recompense dequoy il nous presenta de son eau de vie, une piece de chair de Renne, cuite sans sel, & du poisson sec, que nous donnâmes à nos

guides, lefquels en firent un bon repas,
& nous de nos provifions foupâmes;
aprés quoy nous nous couchâmes fur
des peaux d'Ours blancs à la mode du
païs.

## CHAP. XIV.

*Comme l'on eft mené par des Rennes dans la
Lapponie, & des particularitez de cét
animal.*

LE lendemain eftans reveillez, nous
fimes demander à nôtre hofte, s'il
n'avoit rien à troquer contre du tabac
& de la toile; lequel nous dit avoir des
peaux de Loups, de Renards, & d'Ef-
curieux blancs, & que fes voifins en
avoient auffi, qu'ils troqueroient volontiers; nous nous fimes montrer toutes ces peaux, & auffi quatre habits de
peaux de Rennes, pour nous garentir
du froid, dequoy ils nous en donnerent
pour une partie de tabac, & pour l'autre de la toile.

N'y ayant plus rien à troquer dans ce
lieu là, nous demandâmes des Rennes
à noſtre hoſte pour nous mener plus
avant, & auſſi-toſt prenant un cornet,
il ſortit de ſa cabane, ſe mettant à ſon-
ner pour appeller les Rennes, leſquelles
vinrent au nombre de quatorze ou
quinze, ſix deſquelles il attella à ſix
traineaux, faits comme des gondolles,
ſoutenuës ſur quatre petits chevrons,
qui ſont attachez à une piece de bois,
plus longue de deux pieds que le traineau, nous mimes nôtre marchandiſe
dans un, & ayant congedié deux de
nos conducteurs, que nous payâmes de
tabac, nous en retinmes un, qui avoit
eſté dans la Lapponie Moſcovite, &
qui en ſçavoit parler la langue, comme
auſſi celle des Killoppes, pour venir
avec nous, & nous ſervir de guide. Nous
eſtans mis chacun dans nôtre traineau,
habillez à la Lappone des habits que
nous avions troquez, on nous couvrit
encore de chacun d'une peau d'Ours,
puis nous ayans liez d'une bande de

cuir de Renne par deſſous les aiſſelles
au derriere du traineau, on nous donna enſuite à chacun une couple de
verres d'eau de vie, puis on nous mis à
chaque main un bâton ferré par le bas,
en cas que ſi nous rencontrions quelques ſouches, tronçons de bois, ou pierres, empeſcher avec de nous renverſer.

Eſtans preſt à partir, nôtre hôte
à qui ces Rennes appartenoient, leur
marmota à l'oreille à chacun quelques
parolles, leur diſant, à ce que je croid
le lieu où ils nous devoient mener, &
ſi-toſt prirent un eſlant ſi grand, que
nous creûmes être emportez de diables, continuant ainſi leur courſes par
monts & par vaux, ſans tenir de che-
main frayé toute la journée juſques à
ſept heures du ſoir, nous menans à vn
village aſſé grand, mais fort champêtre, ſitué entre des montagnes proche
d'un grand Lac ou elles s'arrêterent
tout court à la quatriéme habitation du
lieu, frapantes toutes la terre d'un pied,
ce qu'entendu du maître du logis &
de

de ses serviteurs, ils sortirent pour nous détacher, & un aporta un petit broc de bois de Genevrier, plein d'eau de vie, de laquelle il nous en donna à chacun à boire une pleine tasse, faite aussi de même bois, avant que descendre des traineaux pour nous remettre, sçachant par nôtre guide que nous étions saisis de peur, d'avoir esté tirez si vite par ces animaux, avec lesquelles nous n'avions pas coûtume de voyager.

Ces bêtes tant mâles que femelles portent un bois un peu plus haut que celuy des cerfs, mais plus courbé, velu & qui n'a pas tant de cornichons, sont de la même couleur que les Cerfs, pas plus grosses, les pieds fendus de même, grands comme ceux des bœufs, ne mangent que de la mousse, qui est abondante dans ce païs là. Les femelles donnent du laict comme les Vaches, de-quoy l'on fait du beure & du fromage, qui est très-bon. L'on attelle ces animaux à deux limons, qui tiennent au traineau avec une bande de cuir de

D

Renne, à peu prés comme sont attelez
nos chevaux de carrosses, & tirent ainsi,
avec une vitesse incroyable, vous menant tout droict d'eux-méme au lieu où
vous devez aller, sans estre gouvernez,
comme voyez en la figure suivante.

# CHAP. XV.

*Arrivée de l'Auteur dans le Mourmans-koimore, & de quelques particularitez du pais.*

ESTANS descendus de nos traîneaux, nous entrâmes dans la cabane de nôtre hôte, laquelle comme toutes les autres du lieu estoit fort petite, basse & couverte d'écorce d'arbre, n'ayant comme celles de Norwegue le jour que par en haut.

Ces Lappons-là avoient l'habit plus long que ceux d'où nous venions, estans de peau de Renne, le poil en dehors, les Femmes estant aussi vétuës de même peau, ayans les cheveux natez, comme les autres, portant pour coëffure un bonnet tout rond, aussi de peau de Renne, le poil en dehors, comme leurs habits.

Nous donnâmes au Maître de la cabane un bout de tabac de la longueur de deux doigts, qu'il prit avec grande joye, nous en remerciant, & en donnâmes auſſi à tous les habitans de ce lieu-là, à chacun un petit bout, afin d'être en meilleure ſeureté, les reconnoiſſant plus ſauvages que ceux que nous avions quittez, puis ſoupâmes des proviſions que nous avions apportez, & nôtre guide mangea du poiſſon ſec & de la chair de Renne cuite ſans ſel. Luy demandant combien nous avions fait de lieuës cette journée-là, il nous dit, plus de trente, & que nous étions dans le Mourmanskoimore, les habitans parlans d'une autre langue qu'à Varanger, que nous n'entendions pas.

Aprés avoir ſoupé, nous nous couchâmes ſur des peaux d'ours, à la mode du païs, ayans auparavant troqué nos habits contre des leurs, qui étoient plus longs, & une centaine de petit gris qui ſe trouverent dans ce lieu-là contre du tabac.

# CHAP. XVI.

*Voyage de l'Auteur dans le païs des Kiloppes, & de leur maniere de vivre.*

LE lendemain quatorziéme May, nous fimes dire par nôtre truchement à nôtre hôte, qu'il nous prepara des traineaux pour paſſer plus outre; ce qu'il fit, & les autres habitans vinrent pour nous accommoder, apportans de l'eau de vie pour boire avec nous pour nous dire adieu.

Ils attellerent ſix Rennes à ſix trai‑neaux, dans un deſquels nous mimes nôtre marchandiſe , puis montâmes dans les autres, où on nous y accom‑moda, comme je l'ay déja décrit ; & ayans parlé à l'oreille des Rennes ſelon la coutume , nous partimes en diligen‑ce , courrans juſques à deux heures aprés midy, ſans rencontrer aucun lieu; & ſur les trois atteimmes un petit vil‑lage de huit cabanes, bâty ſur une hau‑

te montagne, proche d'un bois, où nos
bêtes s'arreterent; ce qui nous fit croire qu'il y avoit du monde, mais comme
nous vîmes que personne ne venoit,
nous fimes repaître nos animaux de
mousse, que nous y trouvâmes en quantité; & cependant nous mengeames du
biscuit & de la chair salée que nous
avions, & nôtre truchement du poisson sec, & un morceau de chair de Renne, & beumes de l'eau de vie que nous
avions, que les derniers Lappons nous
avoient donné.

Ayant là demeuré environ une heure,
nôtre truchement qui sçavoit comment faire aller les Rennes, aussi bien
que les autres Lappons, eut bien de la
peine de les faire passer outre, ce lieu
leur étant borné; ce qui le contraignit
de faire des ceremonies étranges, allant dans le bois seul, puis revenant
parler à l'oreille de ces animaux, & cela
par quatre ou cinq fois, aprés quoy elles se mirent à aller, ne courant pas si
fort qu'auparavant.

Nous luy demandâmes d'où venoit que nous n'avions trouvé personne dans ce village, à quoy il nous répondit, qu'il ne falloit pas nous en étonner, étant habitations de Kiloppes, qui font certains Lappons plus sauvages que les autres, qui changent fort souvent de demeure, fuyans la presence des étrangers, & qui ne vivent que de la chasse.

Poursuivans nôtre chemin, descendans une montagne sur les neuf heures du soir, apperceumes quatre Kiloppes, qui revenoient de la chasse dans des traineaux, tirez par des Rennes, qui se detournerent de nous, prenans un autre chemin, & aussi-tôt entrames dans un bois long à passer, au milieu duquel entendîmes des cris & heurlemens épouvantables sans rien voir.

A la sortie de ce bois descendans une montagne, nous apperceumes au bas un village, où nos bêtes nous menerent, prenant logis où il leur plût s'arrester, & là aprés y avoir pris nôtre re-

fection des provisions que nous avions
nous nous couchames.

---

## CHAP. XVII.

*Arrivée de l'Auteur dans la Laponie Mof-*
*covite, du negoce, mœurs & maniere de*
*vivre de ces Lappons.*

LE lendemain estans levez, nous
demandames à nôtre truchement
combien nous avions fait de lieuës le
jour precedent ; lequel nous dit que
nous en avions fait pour le moins quarante ( qui valent environ cent foixan-
te pareilles de celles de Paris à Lyon,
chaque lieuës de ce païs-là estant auffi
longues que celles d'Allemagne, qui
vallent chacune quatre de celles d'autour de Paris, un homme de cheval
tant bien monté qu'il foit, n'en pouvant faire plus de cinq ) ; & nous dit
auffi que nous étions dans la Lapponie
Mofcovite.

Nous luy fimes demander aux habitans de ce lieu, beuvant avec eux de l'eau de vie, & leur donnant du tabac en recompense, s'ils n'avoient rien à trafiquer avec nous; à quoy nous ayant répondu, qu'ils avoient quelque pelle-terie, nous leurs demandames à les voir, ce qu'ils firent. C'estoit des peaux de Renards blancs, d'autres noires, d'autres grises, & quelques Soublines, non de si belle couleurs, que celles qui se prennent au Boranday, en la Samojes-sie & en Siberie, avec quelques petits gris.

Cette marchandise nous duisant, nous la primes pour du tabac que nous leurs donnames en échange.

Nôtre marché estant fait, nous fimes la débauche ensemble, dans laquelle nous reconnumes qu'ils n'estoient pas si sauvages que les autres, avec lesquels nous avions negocié, quoy qu'aussi ru-des dans la conversation, & fort indis-crets, commettans devant nous des incivilitez que la bien-sçeance m'em-pesche de reciter.

Ce faisant tard, & desirans passer
plus outre, nous restant encore quelque roulleaux de tabac & de la toille,
nous fimes demander à nôtre hôte par
nôtre interprette des traineaux : Nous
en ayant fait atteller autant qu'il nous
en faloit, nous montames dedans, &
partimes sur le midy. Nous courrûmes
jusques à six heures du soir par des chemins non frayez & très-facheux, sans
trouver aucune habitation. Et demie
heure aprés au montant d'une montagne, à un petit détour, apperceumes
deux cabanes sous des rochers, que nôtre truchement & guide nous dit estre
la retraitte de deux Kiloppes, lesquels
nous appercevans s'enfuirent, & leurs
femmes avec eux.  Nous courrumes
encore trois heures sans appercevoir
aucune habitation; aprés quoy au côté
d'une coline nous vimes un grand village, bâty sur le bord d'une riviere, où
nous y arrivames à onze heures du soir,
où là nous primes logis, où il pleu à
nos Rennes de nous mener, qui estoit

au milieu du village, où nous fumes
assez bien receu, nôtre hôte nous faisant faire faire un grand feu au milieu
de son logis, nous apportant pour nôtre
souper de l'eau de vie, du poisson sec,
& une piece de chair de Renne salée;
ce qui nous estonna assez, veu que par
où nous avions passé, les habitans n'a-
voient point le sel en usage, & que ceux-
là s'en servoient; il nous donna aussi du
laict & du beure salé, fort savoureux,
que nous eussions trouvé encore meil-
leur, si nous l'eussions mangé avec du
pain; mais il nous estoit manqué dés
le matin, & aurions esté mal heureux,
si ce bon rencontre ne nous estoit arrivé, falu que nôtre truchement & guide se contenta de manger du poisson
sec, ne pouvant goûter de choses salée. Puis ayant soupé nous fumes
reposer sur des peaux d'ours à la mode
du païs.

# CHAP. XVIII.

*Arrivée de l'Auteur à Kola, de la situa-*
*tion de cette Ville, structure, de ses bâti-*
*mens, & autres particularitez.*

LE lendemain, qui estoit le seizié-
me de May, n'ayans rien negocié
dans ce village, nous nous fimes passer
la Riviere, laquelle est aussi large
que la Seine.

Estans de l'autre côté en un petit
village, bâty aussi sur le bord de la Riviere, nous fumes demander des Rennes en la plus apparente habitation,
où l'on nous en fourny pour aller à
Kola, où nous y arrivâmes sur le midy.

Ce lieu est une petite Ville ou grand
Bourg, fort champêtre, bâty entre des
montagnes, proche d'une petite Riviere, éloigné de la Mer du Nord d'environ dix lieuës, qui a à son levant des
Forests & deserts tres-grands, au cou-
chant le Mourmanskoimore, & au mi-

dy de fort hautes montagnes. Toutes les maisons sont fort basses, faites de bois, & couvertes d'os, de poissons, bien proprement, où au haut sur le devant est une lucarne par où le jour entre, & il n'y a qu'une ruë.

Les habitans, ainsi que tous les Moscovites sont severes, soupçonneux, & tellement jaloux, qu'ils reserrent leurs femmes, afin que les étrangers ne les voyent pas. Nôtre hôte prit toute nôtre toile, pour laquelle il nous donna deux peaux de Lynx tachetées de blanc & de noir comme des Leopards, trois douzaines de Renards blancs, demie douzaine de *Vietfras*, que nous appellons *Gloutons*, qui sont animaux, semblables à des Blaireaux, mais qui ont le poil beaucoup plus long & rude, de couleur, d'un noir rouge, & la queuë comme les Renards, & nous donna aussi quelques Hermines.

Ayant quelques aulnes de toile plus qu'il ne luy faloit, il s'obligea de nous donner des provisions pour nôtre re-

tour, & fournir de traîfneaux pour aller
jufques au village, où nous avions paf-
fé la Riviere, & nous traitra affez bien
à la mode du païs, puis après fouper
fumes coucher fur des peaux d'ours.

---

# CHAP. XIX.

*Depart de l'Auteur de Kola pour retourner*
*à Varanger, & des plaifantes fune-*
*railles des Lappons Mofcovites.*

**L**E lendemain pretendant partir de
grand matin, nôtre hôte nous
ayant preparé des provifions qu'il nous
avoit promis, qui eftoit du bifcuit, du
pain d'épice, & de la chair de Renne
cuite avec du fel, & un baril d'eau de
vie, & nos marchandifes eftans emballées, vint nous trouver deux des voifins de nôtre hôte, nous demander, fça-
chans que nous avions du tabac de
refte, fi nous le voulions troquer contre
encore des peaux, à quoy demeurans
d'accord, furent les querir. C'eftoit une

douzaine d'Hermines, deux de Renards blancs, & quatre peaux de Lynx, non pas si belles que celles que nôtre hôte nous avoit échangées.

Nôtre accord estant fait, ils nous livrerent leurs peaux, & nous le tabac que nous leur avions promis, n'en reservant que cinq roulleaux, tant pour nous, que pour payer ceux qui nous donneroient des Rennes pour retourner à Varanger, chose plus necessaire dans tout ce païs-là aux voyageurs, que de l'argent, les Lappons faisans plus d'estime d'un bout de tabac, long comme le doigt, que d'un écu. Aussi les Rois de Dannemarck, de Suede, & le grand Duc de Moscovie, mettent-ils grand impost sur cette marchandise, y ayant des Bureaux establis és frontieres pour en recevoir les droicts.

Nôtre troc estant fait, il nous falu faire la débauche d'eau de vie avec nos negocians jusques à deux heures aprés midy, que nous priames nôtre hôte de nous faire preparer des traineaux pour

nous en retourner; ce qu'il fit, nous ac-
commodant dans un nos marchandises & provisions, & dans les autres
estans montez aprés avoir dit adieu, &
beu encore chacun une grande coupe
d'eau de vie, nos Rennes partirent avec
( à ce qui me sembloit ) plus de vitesse
que toutes les autres; si bien que sur
les sept heures nous arrivames au petit
village, dont j'ay parlé cy-devant, qui
estoit au bord de cette grande Riviere
que nous nous fimes passer pour aller
reprendre logis où nous avions logé il
y avoit deux jours dans ce grand village, où nôtre hôte nous receut avec
joye, jugeant bien qu'il auroit encore
un bon lopin de tabac pour nous fournir de Rennes & de traisneaux. Et d'a-
bord nous donna à chacun une bonne
tassée de son eau de vie, nous demandans si nous voulions qu'il nous appre-
tat des traineaux; à quoy nous luy ré-
pondimes que non, desirans nous reposer jusques au lendemain matin, ne
voulans pas pousser outre de cette journée-là,

née-là, sçachans qu'il y avoit une grande traite à faire pour attraper un village.

Nôtre hôte ayant beu une couple de
tasses de son eau de vie avec nous, nous
demanda si nous voulions aller avec
luy voir faire les ceremonies funebres
d'un de ses voisins, qui estoit mort il y
avoit environ quatre heures ; ce que
nous acceptames volontiers pour en
observer les particularitez.

Estans dedans l'habitation de ce
mort, nous le vimes prendre par demie
douzaine de ses principaux amis de sur
des peaux d'ours où il estoit, & mettre
dans un cercueil de bois, l'ayāt auparavant enveloppé d'un linge, luy laissant
le visage découvert, comme aussi les
mains, dans une desquelles ils mirent
une bource, dans quoy il y avoit une
somme d'argent pour payer l'entrée du
Paradis, & en l'autre un passe-port signé d'un Prêtre, pour le donner à Saint
Pierre pour le laisser passer. Ils mirent
aussi auprés de luy un petit baril d'eau

E

de vie, du poiſſon ſec, & de la chair de
Renne, pour boire & manger par le
chemin, le voyage eſtant tres long à
faire. Enſuite ils allumerent tout autour de ſon cercueil force racines de
ſapins brulantes, comme des chandel-
les, pleurans & ſe lamentans, & faiſans
des geſtes étranges.

Tout eſtant ainſi accommodé, ils firent pluſieurs tours tout autour de luy
en proceſſion, luy demandant pourquoy il eſtoit mort, ſi ſa femme l'avoit
offenſé, ſi on luy avoit laiſſé avoir be-
ſoin de quelque choſe, s'il avoit eu
faim, s'il avoit eu ſoif, s'il avoit eu du
déplaiſir à la chaſſe, ou à la peſche, &
s'il n'avoit pas eſté bien vétu, pleurans
tous, clochans, & faiſans pluſieurs autres poſtures, comme des gens hors de
ſens, un de leur Prêtre eſtant là ſpecta-
teur de cette action funebre, jettoit de
temps en temps avec un eſpargeoir de
l'eau benite ſur ce corps, les pleureux
en faiſant de même.

I'oublioïs de dire, qu'ayant Saint Nicolas en grande veneration, pour estre comme les Moscovites, Nicolaïstes de Religion, ils en mettent la figure auprés de leurs morts au lieu de Crucifix.

Ce Saint n'est pas cet Evéque dont on fait la Feste en France, mais ce Nicolas, un des sept Diacres mentionné aux Actes des Apôtres, duquel ils habillent l'Image en Pelerin, ayant une longue robe, un camail abaissé, ceint d'une ceinture large au milieu du corps, avec un bâton en sa main, comme voyé en la figure suivante.

E ij

# CHAPITRE XX.

*Du travail des Lapponnes Moscovites, &*
*autres particularitez.*

ESTOURDIS du bruit, & las de
voir ces ceremonies funebres, nous
sortimes du logis du mort pour retourner au nôtre, où nous y trouvâmes nôtre hôtesse, qui estoit sortie du lieu où
son mary l'avoit fait aller à nôtre arrivée. Si-tôt qu'elle nous vid, & croyant
que son mary estoit avec nous, s'en voulut retourner : Mais nôtre guide & interprette luy faisant entendre qu'il
estoit demeuré, & qu'il ne reviendroit
pas si-tôt, elle demeura, nous conside-
rant les uns aprés les autres, en nous
donnant plusieurs signes d'amitié, s'asit
auprés de nous, nous montrant un bonnet qu'elle brodoit d'étim en lame, filé
sur du fil fort artificiellement.

Le travail de toutes ces Lapponnes,
n'est qu'a faire des habits, tant pour

elles que pour leurs hommes qu'enfans,
tous brodés aux extremitez d'étim, lequel pour être fort doux, elles le tire
entre les dents en lames, aussi ynies que
les Tireurs d'or peuvent faire les leurs
d'or & d'argent par leurs filieres, avec
beaucoup de grace, estant belles, bien-
faites & agreables, quoy qu'un peu ca-
muses, & n'estoit qu'elles connoissent
la jalousie de leurs maris, dont elles
craignent la fureur, elles se prostitu-
roient volontiers. Cause pour laquelle
ils les font retirer en un autre lieu, lors
que les étrangers arrivent.

Tandis que nôtre hôte estoit empes-
ché à rendre les derniers honneurs à son
voisin, nous tirâmes de nôtre provision,
dequoy nous en donnâmes à nôtre hôtesse, qu'elle prit, en gouta, & trouva
bon, principalement le pain d'épice,
beu deux traits de nôtre eau de vie,
puis s'en retourna d'où elle estoit venuë, craignant que son mary ne la trouva avec nous, ce qui luy auroit mis
martel en teste, & fait maltraitter.

Nôtre hôte estant de retour, falut boire encore avec luy, & prendre une pipe de tabac, puis soupâmes ensemble, nous donnant de sa viande, de son beurre, qui estoit salé, duquel nous mangeâmes avec du pain, à la reserve de nôtre guide, qui se contenta de manger du poisson sec, & un morceau de chair d'Our, que nôtre hôte luy donna, qu'il fit griller sur des charbons.

Toutes les habitations de ce lieu sont comme les autres, faites de bois, couvertes de gazons de terre, mais enjollivées, tant par dehors que par dedans d'ossemens de poissons.

Aprés avoir soupé nous fumes coucher sur des peaux d'Ours à l'accoutumé.

---

# CHAP. XXI.

*Rencontre d'un Lappon Moscovite allant à la chasse.*

LE lendemain dix huictiéme May de bon matin, nôtre hôte nous

ayant fait preparer des traineaux, nôtre marchandise estant accommodée
dans un, nous nous mimes dans les autres, puis partimes, nos Rennes nous
menant avec autant de vitesse que celles que nous avoit fourny nôtre hôte de
Kola, si bien qu'en deux heures, nous
nous trouvâmes avancez de plus de six
lieuës.

Passans entre deux coteaux, apperceumes à la descente d'une vallée un
Lappon qui alloit à la chasse ; lequel
nous aborda, glissant sur la neige, aussi
vite que nous, sans enfoncer, avec des
patirons faits d'écorce d'arbre, longs
d'enuiron sept pieds & demy, larges de
quatre doigts seulement, plats par dessous, & creux où les pieds estoient liez,
habillé comme les autres de peau de
Rennes, le poil en dehors, dont le bonnet, les mitaines, le juste-au-corps, le
haut de chausse, & les bottes estoient
brodées d'étein, & ceint par le milieu
du corps d'une ceinture aussi de peau
de Renne, avoit en une main un dard,

de l'autre un arc, derriere son dos un carquois, plein de fléches, & un gros chat noir qui le suiyoit, comme voyez en la figure suiyante,

# CHAP. XXII.

*Retour de l'Auteur à Varanger, de la dex-*
*terité des Lappons à jetter le dard, & à*
*tirer de l'arc, & autres particularitez.*

NOSTRE Chasseur Lappon nous
ayant tenu compagnie environ
demie lieuë, il nous quitta à la montée
d'une montagne, [illegible], &
nous de l'autre; [illegible] jours
aprés sur les neuf heures du soir, qui
estoit le vingt-un de [illegible], nous arrivâmes à Varanger, ayant tenu le même
chemin, & par les mesmes [illegible]oditez,
sans qu'il nous fut arrivé aucun acci-
dent, ny [illegible]. Les Lappons,
quoy que fort [illegible], brutaux, &
la pluspart Sorciers, estans fort fidels,
& point adonnez en aucune façon au
larcin, qui est la plus grande de toutes
leurs vertus, sont si adroits à jetter le
dard, que de trente pas ils donneront
dans un ecu blanc, & perceront un

homme de part en part tant ils le jet-
tent rudement. A l'arc, sçavent atteindre l'animal qu'ils chassent à quel endroit ils veulent.

Ne vont pas volontiers à la guerre,
ce qui fait, que soit le Roy de Dannemarck, de Suede, ou le Grand Duc de
Moscovie, quand ils ont besoin de Soldats, & les y voulans faire aller, laissent leurs habitations, & s'en vont dans
les bois.

Ils ont de la volatille, comme oyes,
cannes, poulles, & autres, qu'ils nour-
rissent, non de genievre, mais de l'autre graine dont ils font leurs boissons,
& de poisson.

La pluspart de la sauvagine de Lapponie est blanche, comme Ours, Loups,
Renards, Lievres, & autres, même jusques aux Corbeaux, qui egallent en
blancheur, le Cigne n'ayant de noir
que le bec & les pieds.

Le poisson qu'ils font secher pour
manger au lieu de pain est fort gros, &
long de deux à trois aulnes de France,

fans arrétes, à la reſerve de la groſſe,
que je puis nommer en terme de Me-
decine, medulle eſpinalle, qui eſt d'un
aſſez bon gouſt, fort ſubſtancieux, &
gros, nommé Raff.

Pour l'autre poiſſon qu'ils mangent
cuit, eſt de toutes ſortes d'eſpeces.

Ils ne ſe ſervent pour vaiſſelles que de
cuivre & de bois. Quoy qu'ils n'ayent
pas le ſel en uſage, & qu'ils l'haïſſent, ils
ne laiſſent pas de faire cuire toutes
leurs viandes en eau de Mer.

Leurs chiens ſont ſi petits, que le
plus grand n'a pas plus d'un pied de
longueur, haut d'une palme de main,
le poil long d'un doigt, d'un blanc
rouſſâtre, heriſſé, & rude, ont les oreilles droites, faites comme celles des
Loups, la teſte & le muſeau comme un
rat, fort propre à attraper des ſouris,
qu'ils mangent, & leur font la chaſſe
comme nos chats, c'eſt pourquoy les
Lappons les eſtiment, quoy qu'ils ſoient
fort fains, & ont la queüe recroquebil-
lée, reſſemblante à celle des cochons,

comme voyez en la figure 1.

Il s'y trouve aussi une espèce d'oyseau sauuage, de couleur d'un gris de perle, gros & grand comme un mouton, ayant la teste faite comme un chat, les yeux fort étincellans, & rouges, le bec comme un Aigle, les pieds & les griffes de même, dont ils en emportent des Lievres, & autres Gibiers, comme voyez en la figure 2.

# CHAP. XXIII.

*Sortie de l'Auteur de la Mer de Varanger,*
*de la continuation, de sa navigation, &*
*autres particularitez.*

LA journée que nous arrivâmes à
Varanger, le Patron de nôtre
Vaisseau avoit commencé à le faire
goderonner, & le lendemain le fit parachever & redresser, puis fit recharger
le lest. En attendant nous regalames les
habitans avec de l'eau de vie & du tabac, afin qu'ils ne nous fussent pas con-
traires en nôtre départ, & qu'ils nous
fissent avoir bon vent. Dequoy me
semble qu'ils furent reconnoissans; car
cinq jours après, qui estoit le vingt-six
de May, sur le matin il s'éleva un vent
le plus agreable du monde, & propre
pour sortir de cette petite Mer; ce qui
nous obligea de lever l'ancre, & partimes sur les sept heures du soir.

Comme le vent se renforcissoit, ayans

crainte des rochers qui sont au passage de l'entrée de la grande Mer, c'est
ce qui nous obligea de mouiller sous
une côte vis à vis l'Isle de Wardhus, où
là le Commis du Château nous ayant
apperceu, sçachant qui nous estions,
vint avec une chaloupe dans nôtre
bord, où nous le regalâmes de ce que
nous avions, puis s'en retourna, prenant
congé de nous.

Le lendemain vingt-sept, environ
une heure après minuit, le Soleil faisant voir ses rayons, nous levâmes l'ah-
cre, cinglant en pleine Mer à la faveur
d'un beau frais, qui nous fit tendre tous
nos voiles, tenant nôtre cours au Nord
Nord-Est.

Nous n'eumes pas vogué trois fois
vingt-quatre heures, qu'il ne nous parut plus de nuit, le Soleil ne se perdant
jamais de nôtre veuë, se montrant tou-
jours devant, derriere, ou à côté de nous.

Le dernier jour de May découvrant
les montagnes nommées Spitzbergen,
un vent de Nord s'éleva avec une telle

impetuosité, que ne pouvans tenir la
Mer, nous fumes contraints de les laisser au Nord Nord-oüest, prenant nôtre cours à l'Est Sud-Est, pour tâcher
d'attraper des côtes pour nous y mettre
à l'abry.

Nous cinglames ainsi trois fois vingt
quatre heures, fort incommodez des
glaces, qui pour estre rompuës & agitées par la tempeste, battoient de telle
roideße la poupe de nôtre bâtiment, &
les côtez, qu'à tout moment il nous
sembloit qu'il alloit estre fracaßé.

Le quatriéme Iuin, appercevans à
l'Est de hautes montagnes, nous y dres-
sames nôtre cours pour y aborder, &
nous y mettre à couvert sous quelques
promontoires : Mais le vent de Nord
se renforcißant, nous obligea de virer
vers les côtes du Boranday, que nous
approchâmes quelques heures aprés,
& entrâmes en une baye que nous découvrimes. Port tres-commode, pour
estre à l'abry de tous vents, où il y avoit
douze ou treize braße d'eau.

Nous n'y fumes pas plûtôt ancrez,
que nous vimes deux vaisseaux qui y
estoient, éloignez de nous d'environ
une portée de mousquet, lesquels reconnoissans estre les nôtres qui nous
avoient quittez par la tempeste, au dessus du cap du Nord, que nous avions
creu estre perdus, cela nous rejouit, &
obligea de leur donner signal de nôtre
arrivée par la décharge de trois canons
que nous tirames, avec la grande ba-
niere que nous tendimes sur la poupe.

Eux pour nous donner à connoître la
joye qu'ils avoient aussi de nous revoir,
ayant creu que nous avions esté submergez par la tempeste, qui nous avoit separez, nous saluerent de quelques
coups de canons, & ornerent leurs navires de tous leurs pavillons, & nous en
fimes de mémes, souhaittans les uns les
autres de pouvoir mettre la chaloupe
en Mer pour nous parler, mais la rigueur
du vent s'opposant à nôtre desir, nous
obligea d'attendre qu'il fut adoucy, ce
qu'il fit vingt quatre heures aprés ou
environ. CHAP.

# CHAP. XXIV.

*De l'entreveuë des Danois avec lesquels estoit party l'Auteur de Dannemarck, qui avoient esté separez par la tempeste, & du recit de leurs avantures.*

LE grand desir qu'avoient ceux des deux autres vaisseaux, de sçavoir où la tempeste qui nous avoit separé nous avoit jetté, leur fit mettre chacun une chaloupe en Mer pour venir à nôtre bord, où y estans entrez, ce fut des réjouissances nompareilles, tant d'une-part que d'autre, croyans que nous avions esté submergez, & que nous ne nous reverions jamais. Ils nous firent recit comme le vent les avoient chassez aux côtes de Iuhorski, proche d'une Isle, où n'y pouvant ancrer à cause des écüeils qu'ils y avoiët remarqué, y estre par la sonde, s'estant trouvez jusques à deux brasses & demie d'eau furent obligez se voyans si bas de virer

F

promptement, prenant leurs cours à la faveur d'un quart d'Eſt Nord-Eſt, tenant la Mer du mieux qu'ils peurent avec bien de la peine, & qu'au bout de trois jours ils vinrent moüiller l'ancre en la baye où nous les trouvames ſous les promontoires du Boranday, à huit ou neuf lieuë de l'Iſle nommée Kildomovia.

Nous leurs fimes auſſi recit du danger que nous avions couru, & comme nous avions eſté contraints d'entrer dans la Mer de Varanger, & d'aller moüiller l'ancre devant le Bourg pour y raccommoder nôtre vaiſſeau, & le remettre en eſtat de faire voile, ayans penſé perir : Et auſſi du voyage que nous avions fait dans la Lapponie tant Danoiſe, Suedoiſe, que Moſcovite, du negoce que nous y avions fait, & de nos avantures.

# CHAP. XXV.

*De la resolution que prirent les Dannois avec lesquels estoit l'Auteur, d'aller chercher à negocier dans le Boranday.*

LE recit que nous leurs fimes leur fit prendre resolution, à nôtre imitation, d'aller voir à terre si l'on trouveroit gens pour negocier avec eux. Pour cet effet nous teimmes conseil, dans lequel il fut conclud sur le champ, qu'un Patron, un Commis, deux sous-Commis, qui sçavoient la langue du Nord & le Russe, vingt Matelots & moy, bien armez, & fournis de munitions pour quelques jours, irions.

Cela estant arrêté, l'on nous apprêta deux chaloupes, dans lesquelles nous nous mimes pour aller à terre, où y estant, nous montames sur un monticule pour voir si nous découvririons quelques habitations. N'en voyans point,

nous cheminames vers une montagne à
environ demie lieuë, de deſſus laquelle
découvrimes à deux ou trois portées
de mouſquet plus loin, cinq ou ſix perſonnes, dans des brouſſailles, venans
vers nous, qui rebrouſſerent chemin
nous appercevans, & ſe perdirent de
nôtre veuë tant ils s'enfuirent viſte.

Nous fimes ſi bien en ſorte, ſuivans
la piſte de ces gens, que nous avions
veus, allans vers le lieu où nous jugeons,
qu'ils eſtoient allez, que deux heures
aprés deſcendans la montagne, nous
vimes dans un valon tout proche quelques habitations, vers leſquelles nous
allâmes, où nous y trouvâmes trente ou
quarente perſonnes, armez de dards
& de fleches, qui nous attendoient de
pied ferme, en eſtat de ſe battre contre
nous, croyans nous voyans vne ſi grande troupe, que nous allions pour leur
faire du tort, ce qui nous obligea de
nous arreſter tout court, tenans con-
ſeil entre nous, ſi nous retournerions à
nos vaiſſeaux, voyans des gens ſi ſauva-

ges & hardis, desquels nous craignions
la fureur.

Un Sous-commis qui estoit avec nous
s'offrit d'aller vers eux luy seul, leur témoigner que nous estions de leurs amis
& Marchands, qui cherchoient à trafiquer avec eux, s'ils avoient quelque
chose qui nous fut propre, & nous autre
chose à leur donner pour.

Cette proposition ayant esté receuë
de tous, il s'en va vers ces habitans avec
deux roulleaux de tabac, & un petit
baril d'eau de vie. Estant proche d'un
qui estoit le plus apparent, luy demanda en langue Moscovite, qui nous
estions, & ce que nous desirions d'eux,
luy ayant répondu que nous estions
Marchands de leurs amis, qui ne desirions autre chose que leur amitié, & à
negocier avec eux, s'il y avoit moyen,
desallarma les autres, leur ayant fait
entendre le sujet de nôtre venuë, nous
faisant signe avec la main d'approcher,
nôtre envoyé pareillement, ce que nous
fimes.

F iij

# CHAP. XXVI.

*Corporance, veſtemens, ſtructure des habita-*
*tions, maniere de vivre des Borandiens,*
*& autres particularitez.*

EStant proche d'eux, je fut tout eſtonné de les voir beaucoup plus petits que les Lappons, les yeux de mé-me, dont le blanc eſt d'un jaune rougeâtre, la face plate & large, la teſte groſſe, le nez fort camu, bazannez au-tant qu'il ſe peut, & les jambes groſſes.

Leur veſtement conſiſtoit en un haut de chauſſe fort eſtroit, & une camiſole allant juſques aux genoüils, des bas & un bonnet tout de peau d'Ours blancs, le poil en dehors, & des ſouliers d'é-corce d'arbre.

Leurs maiſons ſont toutes baſties, & couvertes d'os de poiſſons, fort baſſes, & en ovales, dans leſquelles le jour n'entre que par la porte, qui eſt faite comme la gueule d'un four.

Ces gens-là ne vivent que de la pesche & de la chasse, mangent toutes leurs viandes roties & sans sel, avec du poisson sec, boivent de l'eau commune, dans laquelle ils laissent pourir de la graine de genievre, qui la rend aigrete & agreable, en une cuve de bois de genevier.

Les Femmes sont aussi laides que les Hommes, habillées de mesme, qui vont à la pesche & à la chasse, aussi bien qu'eux. N'ont point de Religion, vivans comme des bestes.

Nous troquames contre eux tout le tabac & nôtre eau de vie que nous avions pris pour nôtre provision contre des peaux de Loups, de Renards, & quelques Hermines qu'ils nous donnerent.

Ayans encores beaucoup de peaux qu'ils desiroient troquer contre du tabac & de l'eau de vie, nous leurs dimes de venir avec nous à nos vaisseaux, & que nous leurs donnerions toutes sortes de satisfactions. Ce qu'ils accepterent,

& les ayant toutes prises, nous accōpa-
gnerent tous jusques au bord de la Mer,
où là ils demeurerent , admirans nos
batimens , ausquels nous fimes signe,
afin que l'on nous vint querir; ce que
l'on fit, nous estant envoyé de chaque
vaisseau deux chaloupes, dans une desquelles je me mis , nôtre Commis, le
Sous-Commis, qui s'estoit azardé de
leur aller parler , celuy qui l'avoit receu , & un autre Borandien , qui sçavoit aussi la langue Moscovite, pour y
avoir esté, tous les autres demeurans
au bord de la Mer,

## CHAP. XXVII.

*Regal que firent les Dannois avec lesquels*
*estoit l'Auteur, aux Borandiens, & de son*
*voyage dans le Boranday.*

ESTANS à nôtre bord, nôtre Patron apprenant la rencontre que
nous avions faite de ces gens du Boranday, qui sont fort sauvages & bru-

taux. Pour les apprivoiser & tacher
qu'ils nous rendissent quelque service,
leur donna à chacun un bout de tabac
de la longueur d'un doigt, qu'ils prirent, & leur donna aussi à chacun plein
une tasse d'eau de vie, qu'ils beurent
avec une joye nompareille, ayans quelques peaux, on leur donna pour, du
tabac & de l'eau de vie : Et leurs ayans
demandé, s'ils nous trouveroient des
commoditez pour voyager dans le païs,
afin d'y negocier, nous asseurerent que
ouy; mais qu'il ne faloit pas que nous
pretendissions y trouver autre chose que de la pelleterie. A quoy ayant
répondu, que nous ne cherchions que
cela, nous asseurerent de nous en faire
trouver assez pour du tabac, de l'eau de
vie, & de l'argent; & que pour ce sujet
ils nous meneroient jusques en Siberie. Il convint avec eux pour cét effet
de leur donner à chacun deux roulleaux
de tabac, & quatre pintes d'eau de
vie pour nous mener & ramener,
& promit de les recompenser de d'a-

vantage si nôtre negoce nous estoit avantageux par leur moyen ; ce qu'ils nous promirent, à la charge de payer ce qu'il faudroit par dessus pour les Rennes qu'ils nous trouveroient pour nous mener, à quoy nôtre Patron s'accorda.

Nôtre marché estant fait, & leur ayant donné encore à chacun un trait d'eau de vie, on les remit dans une chaloupe pour les mener à terre, afin de nous aller chercher des commoditez pour faire nôtre voyage, & y estans, ils se mirent à courir pour trouver ce qu'ils nous avoient promis. Si bien que huit heures aprés ils revinrent à nous avec six traisneaux, attelez à autant de Rennes.

Pendant que nous regalions nos deux Borandiens, ceux des autres navires firent porter à terre de l'eau de vie & du tabac, pour troquer contre les peaux qu'avoient les autres, ne voulans pas s'embarquer dans les chaloupes pour estre emmené dans nos vaisseaux, ayans quelque crainte ; ce qui obligea tous les Patrons, pour les apprivoiser, de faire porter encore quelques barils d'eau de vie pour boire avec eux ; ce qu'ils receurent avec tant de satisfaction, que pour marque d'amitié, les prierent d'aller se regaler en leurs habitations, qu'ils nous offroient plus par signe, qu'autrement, nul n'entendant leur langage.

Nos deux Borandiens estans arrivez vers nous avec leurs Rennes, nous leurs demandames pourquoy ils n'en avoient pas amenez d'avantage; à quoy ils nous répondirent, que c'estoit tout ce qu'ils en avoient peu trouver. Les remarquant plus grosses que celles de Lapponie, nous leurs demandames si elles estoient plus fortes, ils nous répondirent qu'ouy, & que celles de Lapponie ne pouvans trainer qu'un Homme, que celles-cy en trainoient deux facilement, & qu'aussi chaque traineau estoit fait pour deux. Ce qu'entendant nos Patrons ayans tenu conseil, conclu-

rent qu'il faloit que nôtre Commis, les
deux Sous-Commis, qui sçavoient la
langue Russe, moy & un matelot de
chaque vaisseau, irions avec ces deux
Borandiens trafiquer, & pour cet effet
firent charger une Renne de tabac,
d'eau de vie, d'or, d'argent, & de
cuivre, se montant à la somme de
soixante mille livres, je me mis dans un
de ces traineaux avec nôtre Commis,
l'un assis à un bout, l'autre à l'autre,
nous regardans, un Sous-Commis avec
un de ces Borandiens, l'autre avec l'autre, deux Matelots dans un autre, &
l'autre Matelot dans l'autre traineau,
lequel pour estre seul on mit avec luy
quelques barils d'eau de vie, & du tabac, puis partimes.

Ces Rennes nous menoient avec autant de vitesse pour le moins, que celles
de Lapponie, & courrumes ainsi pendant huit heures entieres à travers campagnes, montagnes & valées, sans trouver aucune personne ny habitation.

A la fin approchans d'un bois de sa-

pin, nous en avisames cinq ou six, éloi-
gnees les unes des autres d'environ cent
pas, proche une desquelles nous fimes
manger de la mousse à nos bestes, &
nous rafraichimes, mangeans du biscuit & de la chair salée, & nos Borandiens du poisson sec, trempé en huile
de poisson, qu'ils avoient pour provision, ne pouvans manger de pain ny de
viandes salées, & beumes de l'eau d'u-
ne source qui estoit proche, & ensuite
à chacun une petite tassée d'eau de vie,
puis montames dans nos traineaux, cou-
rans encore trois heures. Aprés quoy,
nous apperceumes au bas d'une montagne plusieurs habitations, proche les
unes des autres, où nous fumes pour
nous y reposer. Estans là, nous fumes
obligez de nous separer, nous mettans
dans deux cabanes, nos guides ayans
desatellé nos Rennes, pour les laisser
paistre & reposer aussi bien que nous.

# CHAP. XXVIII.

*Suite du voyage de l'Auteur dans le Bo-*
*randay, & de quelques particularitez*
*des Borandiens.*

SIx ou sept heures aprés, ayans bien
repoſez ſur des peaux d'Ours, que
nos hôtes nous avoient eſtendus par
terre pour nous coucher. Leur ayant
fait demander, s'ils n'avoient rien à
trafiquer avec nous, ils nous montre-
rent pluſieurs peaux de Loups, Renards
blancs, deux douzaines d'hermines, environ trois cens de petits gris, ſept paires de ſoublines, ne voulans point de
tabac que fort peu, pour n'en eſtre pas
frians comme les autres qui habitent
les côtes de la Mer, ne vivans que de la
chaſſe, mangeans tout l'Eſté de la viande fraiche cuite, rotie ſur les charbons,
ſans ſel, & en Hyver rien que de la ſe-
che, dequoy ils font proviſion l'Eſté,
la faiſant ſecher au Soleil par roüelles

sur la couverture de leurs maisons, lesquelles sont toutes faites de branches d'arbres, & de gazons de terre, fort basses, ne recevans la clarté que par la porte, qui comme les autres sont faites de mesme que la gueule d'un four.

Ces Borandiens-là, à ce que nous dirent nos guides, changent de demeure de temps en temps, côme les Kiloppes, ils vivent bestiallement, sans connoissance de Religion, sont fort stupides, mal-faits de corps comme les autres, ayans des souliers d'écorce d'arbre, leurs chausses, haut-de-chausses, bonnets & robes, qui leur vont jusques au bas des gras des jambes, ceint d'une ceinture, large de quatre doigts, tout de peau d'ours blancs, le poil en dehors. Les femmes ne se pouvant discerner des Hommes que par leurs cheveux, qu'elles ont nattez & pendans ; sont aussi adroites que les Hommes à la chasse, nē portant pour toutes armes qu'un bâton pointu, qui est d'un bois fort dur, un arc de bois, dont la corde n'est

que de pelure d'arbre, & un carquois
plein de fleches, & une pierre qui coupe comme un razoir, penduë à leur
ceinture.

N'y ayant plus rien à negocier, nos
guides nous ayant accommodé nos
Rennes, nous montames tous en traineaux, ayans auparavant pris chacun
un petit trait d'eau de vie, & courumes
neuf ou dix heures entieres avant que
d'atteindre aucune habitation. En appercevant trois ou quatre, nos guides
firent aller nos Rennes de ce côté-là; &
quoy que nous n'y trouvames personne, nous ne laissames pas que de nous
y arrester, pour faire repaistre nos animaux de mousse, laquelle est en abondance dans tout ce païs-là. Cependant
nous primes nôtre refection, & nous
nous reposames dans ces cabannes par
terre environ trois heures, aprés quoy
nous remontames dans nos traineaux
pour continuer nôtre voyage.

CHAP.

# CHAP. XXIX.

*Rencontre d'un Seigneur Borandien avec deux de ses serviteurs, retournans de la chasse, & de leurs vêtemens.*

QVINZE heures aprés, ayans toûjours couru sans nous arrêter, que pour faire manger de la mousse à nos animaux une fois seulement, sans avoir trouvé aucune habitation, nous apperceumes trois chasseurs qui alloient devant nous, que nous atteinmes proche d'une coline, dont l'un estoit vêtu d'une grande robe à la Moscovite, qui luy pendoit jusques aux talons, ceint d'une teinture, large de quatre doigts, tout de peaux de loups, le poil en dehors, qui estoit blanc comme neige, l'extremité de la pointe noir comme Gez, un bonnet tout rond à la matelote, d'une peau de Renard noir, son haut-dechausse & ses bas de peau de Renne, & ses souliers de peau de poisson, sembla-

ble à ceux des Varanguiens. Et les deux
autres avoient leurs vétemens fait de
méme, auſſi de peau d'ours blancs, le
poil en dehors, & des ſouliers de peau
de poiſſon, chargez chacun d'une
douzaine de peaux d'Ours, de
Loups & de Renards blancs, de quelques hermines & zoublines tres-belles,
& par deſſus ces peaux avoient chacun
un derriere d'our, qui tenoit encore à
la peau. Pour celuy qui eſtoit veſtu de
peaux de Loups & de Rennes, il ne
portoit rien qu'une douzaine de corbeaux blancs, & ſept zoublines, penduës à ſa ceinture.

Eſtans proche de luy, un de nos guides s'arreſta pour parler à luy, puis deſ-
cendit du traineau, à la place duquel
il ſe mit, avec un de nos Sous-commis,
ce qui m'eſtonna, & le Commis avec
qui j'eſtois auſſi. Il courut avec nous
encore bien une heure, ſans appercevoir aucune habitation; aprés quoy
nous vimes de deſſus une haute montagne où nous eſtions, une Mer à gauche,

& au bas de la montagne plusieurs habitations, bâties les unes proche des autres, faisant comme un petit bourg, où nos Rennes nous menerent, & y descendîmes pour nous y reposer, dans la cabane de celuy qui avoit pris la place de nôtre guide, que nous reconnumes estre d'autorité, par le service que nous firent tous les habitans de ce lieu, appellé Vitzora, accourans pour nous détacher des traineaux.

Il troqua contre de nôtre tabac & de l'eau de vie toutes les peaux qu'il avoit, à la reserve des peaux d'Ours que nous ne voulumes pas, & des zoublines qu'il se conserva, n'estant pas permis de les vendre, le Grand Duc de Moscovie, qu'ils nomment leur *Zaar*, se les conservant toutes, nul n'en osant vendre dans tous les païs de son obeïssance que par son ordre, ou par les Commis qu'il a aux places des magazins, sur peine de punition corporelle. Et aussi quand ils en vendent quelqu'une par hazard, ce n'est qu'en cachette, & ceux

qui les acheptent les doivent bien cacher ; car si les Commis ou Gouverneurs des places où les marchandises
se visitent, il se trouvoit parmy des zoublines qui eussent esté venduës d'autre
que du Grand Duc, ou de ceux qui ont
droit de luy pour les vendre, cela feroit confisquer toutes les marchandises.

Ce Borandien ayant troqué toutes
les peaux contre nous , sçachant que
nous en desirions d'avantage , envoya
deux de ses serviteurs par toutes les autres cabanes , dire que si l'on vouloit
nous apporter les peaux qu'ils avoient,
que nous leurs donnerions du tabac &
de l'eau de vie pour, & que leur maître nous avoit vendu toutes celles qu'il
avoit. A cette nouvelle estans tous
bien aise, ils nous apporterent tout ce
qu'ils en avoient , que nous achetâmes
de nôtre tabac & eau de vie.

Ayans pour le moins mille cinq cens
peaux, de differentes sortes, nous demandames à nôtre hôte, s'il ne nous

pourroit pas faire avoir une barque
pour renvoyer un de nos matelots avec
la marchandise que nous avions, vers
nos navires, nous dit que ouy, & aussi-
tôt en fit preparer une qui luy apparte-
noit, faite en forme de gondolle, large
au milieu, & pointuë par les deux bouts,
toute de bois, sans aucun cloux ny fer-
rement, y ayant un mast au milieu de
bois de sapin, auquel estoit attaché un
grand voile quarré de toile tissuë de fil,
fait de pellure d'arbre, les cordages
aussi de pellure d'arbre, & dedans cette
barque il y avoit aussi deux ancres de
bois fort pesans, attachez à des cables,
aussi faits de mesme matiere que les
cordages.

Nous ayant donné deux hommes
pour conduire la barque avec nôtre
matelot, & les voyant prest à partir,
nous montra en cachette trente paires
de zoublines, que nous achetames pour
de l'argent a assez bon compte, & ne
fumes pas maris d'attraper cela, qu'il
ne nous auroit pas autrement vendu, si

nous n'avions pris une barque de luy, &
qui ne fut promptement partie pour
aller à nos vaiſſeaux, où il ſçavoit qu'il
n'y avoit point de viſiteur, ſçachant
bien que s'il euſt eſté découvert, il n'en
auroit pas eu ſeulement punition corporelle, mais luy & toute ſa genealogie
auroit eſté envoyée en eſclavage en
Siberie.

Nôtre matelot eſtant party avec la
marchandiſe, & les deux Borandiens,
nôtre Commis, & nos deux Sous-Commis firent la débauche avec luy, & nos
guides, pendant quoy je fus viſiter le
bourg avec nos deux matelots, j'admi-
ray ſa conſtruction ſitué entre deux
montagnes, d'environ une lieuë de hauteur, dont toutes les habitations ſont
faites d'os de poiſſons, tres-artificielle-
ment couvertes auſſi d'os de poiſſons,
& étoupées de mouſſe, par deſſus, &
autour accommodées de gazons de terre, de telle ſorte qu'il ne peut entrer
aucun vent dedans, ſi ce n'eſt par les
portes, leſquelles ſont faites comme

des gueulles de fours, & par le haut du
toict, où il y a une feneſtre ou lucarne
par où entre le jour. I'y vis quantité
de femmes & d'enfans travailler, les uns
à des rets pour peſcher, qui n'eſtoient
que de pellure d'arbres, d'autres à des
voiles pour naviger, reſſemblant à de
la natte fine, d'autres des haches d'armes, des coûteaux, pointes de dards
& de fleches d'os de poiſſon, & d'autres
faiſant des habits de peaux d'ours, cou-
ſus de fil de pellure d'arbres avec des
aiguilles qui ſont faites d'arrétes de
poiſſons, tous eſtans fort laids, petits,
camus, & baſannez.

## CHAP. XXX.

*Départ de l'Auteur de Vitzora pour aller*
*à Potzora, & du negoce que firent ceux*
*avec qui il eſtoit.*

ESTANT de retour en l'habitation
de nôtre hôte, nôtre Commis &
nos Sous-Commis prirent reſolution

de renvoyer un de nos guides avec les
Rennes, & prendre une barque, à cause de la commodité de l'eau, pour aller
à Potzora, ce qui fut executé. Nôtre
hôte se mettant avec nous avec deux
de ses gens, & à la faveur d'un vent
d'Oüest nous cinglames du côté de
Potzora, où nous arrivames quinze
heures après, qui est une petite Ville
size sur le bord d'une petite Mer, qui
porte son nom. Nous fumes au Château voir le Gouverneur, qui proprement n'est qu'un Commis du Grand
Kenez, tous les Gouverneurs des places
que possedent le Grand Duc de Moscovite ne sont point d'autres gens, n'y
ayant aucune noblesse parmy les Moscovites ; Ce qui fait, à ce que je croy,
qu'ils sont tous rustics, incivils & jaloux, chose que la noblesse ne peut
souffrir.

Ce Gouverneur estoit Moscovite,
vêtu à la mode de son païs d'un drap
de couleur, tirant sur le violet & le
rouge, avec lequel nous fimes la débau-

che d'hydromelle, fort excellant, doux & piquant comme le vin d'Espagne, & d'eau de vie, avec du pain d'épice. Ayant l'Intendance du magazin des zoublines pour le grand Zaar, nous luy demandames s'il nous en vouloit vendre, il nous dit qu'ouy. Et nous ayant demandé combien nous en voulions, nous luy repondimes, que nous acheterions tout ce qu'il en avoit, moyennant qu'il nous en voulut faire prix raisonnable. Sur cela il nous mena au magazin, où il n'y avoit que cinq zimmer, qui sont cinquante paires, entre lesquelles il y en avoit deux zimmer des plus belles qui se puisse voir, naturellement noires comme du Gez, qui nous couterent cinq cens ducas, qui font trois mille livres de France, & les trois autres zimmer quatre cens ducas, qui font huit cens écus, monnoye de France.

Luy ayant payé toutes les peaux qu'il avoit, marquées du cachet du Grand Zaar, voulut nous traitter, & pour cet

effet envoya promptement deux chaloupes pescher pour avoir du poisson
frais, fit tuer une Renne qui estoit toute
jeune, & avec des oyseaux que ses gens
luy avoient apportez de la chasse, nous
fit un festin magnifique en chair &
poisson, & de bon biscuit de Moscovie,
& aprés avoir tenus table huit heures,
les fumées de l'hydromelle & de l'eau
de vie que nous avions beu, nous montant à la teste, nous obligea d'aller tous
coucher sur des peaux d'Ours, n'y
ayant point d'autres licts.

Aprés nous estre reposez six ou sept
heures, nous beumes tous chacun une
rassée d'eau de vie, puis allâmes par la
Ville avec un Commis que le Gouverneur nous donna, qui nous fit trouver
de plusieurs maisons deux mil petits
gris, quatre douzaines d'Hermines,
cinq cens Renards, la plus grand part
blancs comme nege, & d'autres d'un
gris noir, six vingts peaux de Loups
blancs, deux cent Martres de couleur
d'un gris cendré, le tout nous coutant

quatre cens ducas, que nous payames
en monnoye de cuivre, qui nous emba-
rassoit, & retournâmes au Château, y
faisant porter nôtre marchandise, que
nous emballames dans des nates faites
de pellures d'arbres.

Nôtre marchandise estant ainsi accommodée, nous deliberames, qu'un
de nos Sous-commis s'en retourneroit
à nos vaisseaux pour la conduire ; &
pour ce sujet nous priâmes nôtre hôte,
qui estoit le Gouverneur, de nous faire
avoir une barque pour le mener, ce
qu'il fit, & deux heures aprés il partit
avec trois Borandiens qui le menerent,
desquels le Gouverneur nous avoit répondu, qu'ils ne manqueroient pas de
le rendre sain & sauf avec la marchandise à nos bâtimens, moyennant la somme de dix ducas que nous luy donnâmes, & quelque petit present de tabac
que nous fimes à ceux qui le devoient
mener, & à leur retour le Gouverneur
promit de les payer.

Nôtre Sous-commis s'estant embar-

qué & party à la faveur d'un vent d'Est
Sud-Est, nous reïterames à faire la debauche avec le Gouverneur nôtre hôte, & celuy de Vitzora, qui beuvoit de
telle sorte, que je ne sçay où il mettoit
l'eau de vie & l'hidromelle qu'il ava-
loit. Cette debauche dura encore plus
de quatre heures, aprés laquelle nous
nous en allames reposer quelques heures.

## CHAP. XXXI.

*Départ de l'Autheur de Potzora pour aller*
*en Siberie, de la rencontre qu'il fit de cinq*
*exillez du Grand Knez, de leurs miseres,*
*& de son arrivée à Papinogorod.*

ESTANS tous reveillez, nôtre Commis pria le Gouverneur de Potzora de nous faire trouver des Rennes
pour aller en Siberie. Il nous en four-
nit sept, sçavoir une pour nôtre Commis, une pour nôtre Sous-commis, une
pour moy, deux pour nos deux mate-

lors, une pour nôtre guide, & l'autre
pour mettre nôtre tabac & eau de vie,
& des provisions qu'il nous donna pour
aller jusques à Pupinougorod, nôtre
Commis prenant l'argent avec luy.

Ayant fait atteller ses Rennes à autant de traineaux, il en fit encore atteller une autre pour un autre guide de
ses domestiques, qui devoit aller avec
nous jusques à un certain lieu, où nous
devions changer de Rennes, pour ramener les siennes, & pour tout cela
nous luy donnames quatre ducats, &
avant que de partir beumes cinq ou six
tassées d'eau de vie chacun pour nous
separer, & ayant remercié nôtre hôte
de Potzora, comme aussi celuy de Vitzora, du bon accueil qu'ils nous avoient
fait, nous montames en traineaux; &
ayans pris congé d'eux partimes, sui-
vans la riviere par des lieux tres-fa-
cheux, sans suivre aucun chemin frayé,
& fumes bien quatre heures sans trouver ame vivante que quatre Ours blancs,
d'excessive grosseur, qui nous coupe-

rent chemin, fuyans de la riviere où
ils estoient dans un bois, nous appercevans, & deux heures aprés fumes vers
sept ou huit habitations, où nous n'y
trouvames personnes, les habitans
estans allez à la chasse.

Là nous descendimes de traineau
pour y prendre nôtre refection, pendant quoy, cinq ou six Hommes avec
leurs Femmes & enfans revinrent de la
chasse, qui leur avoit esté tres-bonne,
en apportans six peaux d'ours, quatre
de loups, sept de renards blancs, une
couple d'hermines, & huit zoublines.
Ces gens furent surpris de nous voir, &
s'en fussent fuis, n'eut esté que le guide que nous avoit donné le Gouverneur de Potzora fut vers eux, & les
ayans asseurez que nous estions de
leurs amis, Marchands, qui alloient à
Papinogorod, & que nous acheterions
leurs peaux, vinrent vers nous, nous
considerans par admiration, tant à
cause de nos habits qui estoient dissem-
blables aux leurs, que de nôtre corpo-

rance, & de nôtre langage, qu'ils n'en-
tendoient en aucune façon, non plus
que nous le leur, & si ne laissames pas
que de negocier ensemble, par le moyen
de nôtre interprete, & nous fournirent
de Rennes pour aller jusques à l'em-
boucheure de la riviere de Papinougorod.

Ayans quitté il y avoit environ deux
ou trois heures la riviere de Potzora,
suivant celle de Papinougorod, par des
chemins assez facheux, nous vimes sortir d'un bois cinq Hommes vêtus de
peaux d'ours à la Moscovite, ayans chacun sur leurs épaules un fuzil, une gi-
beciere à leur côté, & aussi un coûteau
en une gaine, à la façon de nos chasseurs, venans vers nous; ce qui nous
obligea de faire arréter nos animaux
par nôtre guide, pour sçavoir qu'elles
gens c'estoit. Un d'eux nous reconnoissans estre estrangers, nous donna le bon
jour en Allemand, souhaitans d'avoir
pareille liberté que nous. Nôtre Commis, qui estoit bas Saxon, entendant

parler sa mesme langue, luy demanda
de quel païs il estoit; à quoy cet Homme luy répondit, & se trouvant estre de
sa connoissance, il descendit du traineau, & l'embrassa, luy demanda pourquoy il estoit là, à quoy il luy répondit, qu'il estoit un des exillez du Grand
Kenez, pour chasser aux zoublines, qui
est un châtiment du païs, comme en
France d'envoyer aux Galleres, les uns
y estans pour dix ans, les autres pour
six, & les autres pour trois, plus ou
moins; aprés quoy ayans fait le temps
à quoy ils sont condamnez, ils sont
francs.

Cette connoissance, aussi bien que
les autres, m'obligea de descendre de
traineau; & je n'eus pas plustost mis
pied à terre, qu'un de ces cinq me reconnoissant me vint embrasser en sou-
pirant, me demandant en langue Fran-
çoise d'où je venois, & où j'allois; ce
qui m'estonna fort, ne le reconnoissant
pas tant à cause de son vetement, de sa
grande barbe, sa teste pellée, que
décharnure

décharnure de son corps, n'ayant que la peau & les os, ce que voyant me dit estre ce Gentil-homme Lorrain, Colonnel d'un Regiment de Cavalerie Moscovite, qui m'avoit traitté tant de fois à Stokolm, & qui m'avoit voulu mener avec luy à Moskou. Le bel équipage dans lequel je l'avois veu, le respect qu'on luy portoit, tant à cause du bien, que de la Charge qu'il possedoit, du commandement qu'il avoit, que de sa bravoure, & l'estat pitoyable où je le voyois, me fit larmoyer & soupirer en l'embrassant derechef, luy demandant le sujet de sa disgrace, qu'il me dit provenir de soubçon qu'avoit eu le Grand Knez de sa fidelité, que pour ce sujet l'avoit exilé en Siberie pour trois ans. Qu'il devoit souffrir des maux qui ne peuvent s'exprimer, par les dangers où tous ces exillez sont exposez, allant à la chasse, par la faim & les violentes rigueurs du temps qu'ils endurent, par la rencontre de quantité de bestes sauvages qu'ils rencontrent, qui faute de

H

pasturage en d'aucuns endroits, les
viennent attaquer, ce qui les contraints
de se defendre. Et qu'entre tous ces
maux, s'ils ne prennent pas le nombre
de zoublines, qui leur sont ordonnez
de prendre, sont rigoureusement châ-
tiez de coups de cengles, d'un cuir fort
épais & rude, sur la peau nuë, par tout
le corps. L'amy de nôtre Commis luy
dit la mesme chose ; & les autres qui
parloient bon François & Allemand,
dont l'un estoit un des grands Commis
du Grand Knez, l'autre un Lieutenant
General, & les autres gens considerables deploroient leurs miseres, nous
asseurans que quand ils auroient fait
leurs temps, & qu'ils auroient recou-
vert leur liberté, ils se retireroient en
des endroits où jamais le Grand Knez
n'auroit pouvoir sur eux. Pour conso-
ler ces malheureux, nous primes de nos
provisions, & nous assîmes tous sur de
la mousse, nous regallans, leur témoi-
gnant le desir que nous avions de les
delivrer; dequoy ils nous remercierent,

nous remontrans qu'il leur estoit impossible de se sauver, attendu qu'ils
estoient connus de tous les Gouverneurs des Forts par où il nous falloit
passer de necessité, ce qui nous feroit
perdre la vie, & à eux aussi par d'hor-
ribles tourmens, que l'on nous feroit
souffrir. Cét advis engregea encore d'a-
vantage la douleur que nous avions
dans le cœur, de ne les pouvoir soula-
ger en la misere où ils estoient. Ce qui
fit, qu'aprés quatre bonnes heures de
conference, nous primes resolution de
les quitter, leur ayant donné à chacun
prés de demie livre de tabac, aprés
avoir bien beu avec eux de nôtre eau de
vie, & mangé du biscuit, du pain d'é-
pice, que nous avions de Potzora, & de
la chair salée, montames en traineaux,
& aprés leur avoir dit adieu, & souhai-
té que Dieu leur donna de la force
pour souffrir, dans l'esperance de les
revoir en bon état un jour, nous partimes & courrumes trois heures entieres
avant que de trouver d'habitations,

H ij

puis en trouvâmes cinq ou six où nous
fumes, & il y avoit dedans environ une
douzaine de personnes, ausquelles nous
fimes demander, s'ils n'avoient rien à
trafiquer, nous montrans des peaux,
nous les achetames de nôtre argent &
d'eau de vie, dequoy ces peuples-là
font fort frians.

Nous poursuivames ainsi nôtre chemin, suivant la Riviere, trouvans des
cabanes par cy par là, dans quelques-
unes personnes, & dans d'autres du
monde, à qui nous acheptions les
peaux que nous leurs trouvions pour
de l'argent & eau de vie, à la reserve
des zoublines qu'ils ne nous vouloient
point vendre, de crainte d'estre découvert du Gouverneur de Papinougorod où nous allions, qui ne manque jamais de faire visiter toutes les marchandises, pour voir s'il n'y a point de celle-
là. Nous passames les montagnes qui
separent le Boranday de la Siberie, tres-
facheuses & difficiles à cause de la de-
sertité des lieux, qui ne peuvent estre

habitez, tant à cause de son infructuosi-
té, que des neges qui y sont, qu'aussi à
cause de la quantité des Ours & Loups
blancs, qui y sont en si gande quantité, que nous n'eumes pas peu de crainte de passer ces endroits, attendans
toûjours l'heure d'estre attaquez de
ces animaux-là, quoy qu'ils eussent
autant de peur que nous, les voyant
fuir les uns d'un côté, les autres d'un
autre de nôtre veuë, croyans peut-estre
à cause de la lueur de nos armes que
nous estions des Chasseurs, quoy que
Marchands. Et aprés beaucoup de peine qu'eurent nos animaux de nous retirer de ces montagnes, que nous fumes
dix ou douze heures à passer, nous descendimes dans un village de Siberie,
dont les habitans sont couverts de
peaux d'Ours, le poil en dehors, por-
tans du linge & des botines ferrées; ce
qui nous fit connoistre qu'ils estoient
plus polis que ceux que nous venions
de quitter. Aussi nous receurent-ils
plus civilement, nous demandans qui

nous eſtions, d'où nous venions, & où
nous allions. Nous beumes & mangea-
mes avec eux de ce que nous avions,
nous apportans auſſi de ce qu'ils
avoient, qui eſtoit de la chair de Loups
& d'Ours ſalées, avec du pain d'épice
& de l'eau de vie, & nous leurs achetames de nôtre argent les peaux qu'ils
avoient, à la reſerve des zoublines, puis
ayans repoſez dans une de leur habitation, faite à la Laponne, ſur des peaux
d'Ours, environ cinq heures, nous beumes à chacun un trait d'eau de vie, &
montames en traineaux, pourſuivans
nôtre chemin vers Papinougorod, où
nous y arrivames environ vingt heures
aprés, nous ayans repoſé par interval
pour faire manger nos animaux.

# CHAP. XXXI.

*Reception que le Gouverneur de Papinougo-
rod fit aux Danois, avec lesquels estoit
l'Auteur.*

LE Gouverneur de Papinougorod
ayant apris nôtre arrivée, nous fit
venir dans son Chasteau, tant pour
sçavoir qui nous estions, le sujet qui
nous amenoit là, & d'où nous venions.
A son commandement, nous y entrames, le fumes saluer, luy donnant satisfaction de tout ce qu'il desiroit sçavoir
par nôtre Sous-commis, qui sçavoit la
langue Moscovite.

Apprenans que nous estions Danois & Marchands, qui cherchoient
à achepter de la pelleterie, nous receut fort civilement; & pour témoigner l'affection qu'il avoit de nous rendre service, nous reconnoissans amis,
fit donner avis à sa femme qu'elle eut à
venir nous saluer; ce qu'elle fit, appor-

tant avec soy, suivant la coustume de
Moscovie, une bouteille d'eau de vie
en une main, & en l'autre une tasse d'argent, avec une tranche de pain d'épice,
qu'elle donna à tenir à une fille qui la
suivoit, & nous saluant à leur mode,
qui est un baissement de teste, deffait
le poigner de la manche de sa chemise
du costé droit, qu'elle laissa glisser à
terre, que nôtre Commis fut promptement relever & baiser, nôtre Sous-commis aprés, & moy ensuite; puis de la
main gauche repelice en remontant la
manche qu'elle avoit fait tomber, &
reprenant sa bouteille d'eau de vie, &
sa tasse, nous en donna à chacun tout
plein, & un morceau de son pain d'épice, se tenant au bout de la table auprés
de son mary, puis s'en retourna d'où
elle estoit venuë; aprés quoy nous nous
regallames avec le Gouverneur, puis
nous fumes coucher sur de tres-bons
licts, selon le païs.

# CHAP. XXXII.

*Negoce que firent les Danois, avec lesquels estoit l'Autheur, dans Papinougorod, situation de cette Ville, mœurs & habillemens des Syberiens & Moscovites.*

NOus estans reposez environ six ou sept heures dans le logis du Gouverneur, qui se leva si-tôt qu'un de ses serviteurs luy eut dit que nous estions levez, & nous vint trouver en la chambre où nous estions, avec une boureille d'eau de vie, qu'un de ses domestiques portoit aprés luy, en boit une grande tassée, & nous en fit boire à chacuu autant; ensuite dequoy il demanda, si nous voulions acheter les peaux qu'il avoit, ce que nôtre Commis accepta, les demandant à voir toutes, convint de prix avec luy, & les paya. N'en ayant pas d'avantage, fit venir vers nous quelques habitans qu'il sçavoit en avoir, que nous achetames

par sa permission ; ensuite dequoy falut
encore reboire & fumer du tabac.

Cependant que nôtre Commis &
Sous-commis estoient empeschez à
faire leur negoce, je fut me promener
dans la Ville, qui est située en un bel
endroit, dans une petite pleine mareca-
geuse, entourée de montagnes fort
hautes ; auprés de laquelle est une riviere assez belle & poissonneuse, les maisons sont mal baties, basses, & toutes faites de bois & de terre, calfeutrées de
mousse entre les poutres, & le pavé de
cette Ville n'est que de pieces de bois,
accommodées les unes proche des autres.

Les personnes considerables de ce
lieu-là ont un haut-de-chausse, des bas,
& une grande robe, qui leur va jusques
aux tallons, les manches étroites, tout
de drap, les uns d'une couleur, les autres d'une autre, ont pour chaussure
des petites botines de cuire, les unes
bleuës, les autres rouges, les autres jau-
nes, ferrées au dessous par les deux

bouts, ainsi que les Polonois, & pour coëffure un bonnet de drap doublé & bordé, les uns de peau de renard noir, les autres de petits gris, les autres d'hermines, & les autres de zoublines, comme voyé en la figure 1. Et quant aux femmes, qui sont tres-belles, blanches & grasses, ayans les cheveux d'un blond chatin, & l'air fort galland pour estre toutes Moscovites, ainsi que leurs maris, ont des robes qui leur vont jusques aux talons de drap rouge, violet ou bleu, faites en forme de juste-au-corps, doublées de renards blancs ou de zoublines, ayant de grandes manches pendantes qui y sont attachées, n'y en ayant point d'autres où elles puissent mettre les bras à cause de l'excessive longueur de leurs manches de chemise, qui ont bien chacune cinq aulnes, d'une toile de coton fort fine, qu'elles plissent le long des bras. Leur coëffure est un bonnet en ovalle, & ont leurs cheveux nattez & entortillez de rubans qu'elles laissent pendre derriere leurs épaules.

Leurs souliers sont de maroquin de Rus-
sie, & portent aussi une ceinture de
perles moyennement grosses, comme
voyé en la figure 2.

Quant à ceux qui sont nez dans la
Siberie, ne sont gueres differents des
Samojedes, Borandiens, & autres Sep-

tentrionaux, tant en mœurs, vêtemens,
que maniere de vivre.

Tous les Moſcovites ſont Nicolaïſtes
de Religion, graves, robuſtes, vîtes &
adroits à tirer de l'arc, point chica-
neurs, leurs loix eſtant fondées ſur la
pure équité, puniſſent rigoureuſement
les traiſtres, les larrons, & les homici-
des, ſont ignorans, interreſſez, yvro-
gnes, ruſtiques, & jaloux de telle ſorte,
qu'ils obligent leurs Femmes de s'en-
fermer comme des priſonnieres dans
leurs chambres, ſans en oſer ſortir, ſi
ce n'eſt par leur commandement, eſtant
ſi eſclaves, qu'elles n'oſeroient faire
aucune geſte de témoignage d'amitié
qu'elles ont pour les eſtrangers, &
croyent que leurs maris n'ont point
d'affection pour elles, ſi elles n'en ſont
batuës de temps en temps.

# CHAP. XXXII.

*Départ de l'Autheur de Papinougorod pour retourner retrouver les vaiſſeaux Dannois par la Samojeſſie, mœurs, maniere de viure, veſtemens, & autres particularitez des Samojedes.*

Nostre achapt eſtant fait, qui fut de quantité de peaux de loups & renards blancs, & d'autres noires, de Lynx, zoublines, Hermines, & petits gris, qui faiſoit avec les autres peaux que nous avions achetez depuis Porzora, la charge d'un traineau, & encore d'avantage. Ayans beaucoup de tabac, & quelque cinq mille ducats de reſte, nôtre Commis & nôtre Sous-commis deſirans faire encore valoir cela, & en avoir des peaux, prirent reſolution de prendre la route pour retourner à nos vaiſſeaux par la Samojeſſie. Pour cét effet acheterent de nôtre hôre, le Gouverneur de Papinougorod, de l'eau de vie & des provisions suffisamment pour nous douze jours. Nôtre marché estant fait, comme aussi pour nous fournir de Rennes, & l'ayant payé, falut faire la débauche avec luy, qui dura plus de dix heures, aprés quoy nous nous en allâmes reposer pendant prés de huit heures, & nos bestes estant attellées, nos marchandises emballées & chargées avec nos provisions, montames en traineaux, & ayant remercié nôtre hôte nous partimes, & courrumes environ dix-sept heures, achetans des peaux des Syberiens jusques aux monts Riphées, que nous passames en six heures, entrans dans la Samojessie, qui est un païs tout desert, montagneux, pleins de genevriers, de pins, sapins, & abondant en mousse, aussi bien qu'en neige, & en loups, ours & renards tous blancs, que nous rencontrions à tous momens, ce qui ne nous donnoit pas peu de crainte.

A la descente du mont Stolpohen,

d'où sort la source de Borsagatz, nous trouvâmes huit ou neuf habitations, vers lesquelles nous fumes, tant pour y faire paistre nos bestes, que pour nous y reposer, avec les habitans duquel lieu nous troquâmes de nôtre eau de vie contre des peaux de loups & renards, les unes noires, les autres blanches, d'autres peaux de Castor, Loutres, Vietfras, & quelques hermines, ayans plus de deux zemer de zoublines, qu'ils ne nous voulurent jamais vendre, nonobstant toutes les protestations que faisoit pour nous nôtre guide Borandien, qu'ils n'avoient que faire de craindre, estans marchands qui nous en alloient en nos vaisseaux, sans crainte d'estre visitez, pour ne vouloir passer par aucun lieu de passage, ny de visite, à quoy ils ne voulurent entendre, qu'aprés que nous les eumes soulez, qu'ils nous vendirent leurs peaux de zoublines, les vapeurs de l'eau de vie ayant eu ce pouvoir sur eux, plus que tous les discours de nôtre Borandien. Nous nous reposames

sames dans une de ces cabanes avec le maistre, la maistresse & les enfans pesle mesle comme bestes sur des peaux d'Ours ; & cinq ou six heures aprés je me reveillay au bruit que fit le maistre de cette cabanne, appellans ses gens, qui tous estans levez sortirent.

La curiosité m'obligea de regarder où ils alloient, je les vis se mettre derriere la cabanne à genoüil, élevans les mains vers le Ciel, adorans le Soleil, le croyant estre Dieu.

Les Samojedes sont encores plus trapus que les Lappons & les Borendiens, ont aussi la teste plus grosse, le visage plat, le nez plus large & camus, n'ont presque point de poil, sont d'un bazané de terre. Le vétement des Hommes est un bonnet rond, frisé, comme si c'estoit de peau d'anneau, un haut-de-chausse & une robe de peau d'Ours blanc, qui ne leur va que jusques aux genoüils, ceints au dessous du ventre d'une ceinture large de quatre doigs, leurs bas & leurs souliers sont de mesme peau, le

I

poil en dehors, & sous leurs souliers
ont une espece de patins d'écorce d'arbre, long de deux pieds, faits en gondolles, surquoy ils marchent fort vite
sur la nege, qui est en grande quantité
sur les montagnes, ont en guize de
manteau une peau noire, à laquelle les
quatre pieds tiennent, qu'ils portent
plus sur l'épaule gauche que sur la droi-
te, & par dessus cette peau est attaché
leur carquois, comme voyé en la figure 1.

   Les Femmes Samojedes sont plus
laides que les Hommes, fort fatigables,
& prenent grand soin d'enseigner leurs
enfans d'estre adroits à la chasse, dequoy ils vivent, & non d'autre chose,
& sont vestuës comme les Hommes,
la robe un peu plus longue, mais
n'ont point de peau sur leurs épaules,
sont coëffées de mesme, n'ayant qu'u-
ne touppe de cheveux nattez, liez au
bas d'un ruban de pelure d'arbre, qui
leur pend derriere le dos, vont à la chasse comme les Hommes, armez d'un

carquois plein de fleches & d'un arc,
comme voyé en la figure 2.

## CHAP. XXXIII.

*Départ de l'Autheur du Boranday pour*
*aller en la Zemble, de la veuë d'une troupe*
*de Zembliens adorans le Soleil, & de*
*deux adorans une Idole de bois, appellée*
*Fetizot.*

AYANS passé la Samojessie, & revenus au Boranday vers les nôtres

qui nous attendoient avec impatience;
estans entrez dans nos vaisseaux, deux
heures aprés tous leuerent l'anchre, &
cinglames en pleine Mer, prenans la
route de la Zemble, où nous arrivames
vingt heures aprés vers un lieu où
nous vimes une troupe de gens d'environ trente personnes, endossez
de carquois, à genous sur le bord
de la Mer, adorans le Soleil; ce qui
obligea nos Patrons & Commis de tenir conseil entr'eux, sçavoir comme ils
devoient faire pour aller aborder ces
gens-là, qu'ils jugeoient estre plus sauvages que les autres, pour tâcher de negocier avec eux. Sur ce sujet ils con-
clurent de mettre trois chaloupes en
Mer, dix Hommes dans chacune, bien
armez, pour se defendre en cas d'atta-
que, & je fus commandé pour estre de
la partie. Nous voguames vers terre, où
en estans à environ demy quart de lieuë
prest, tous ces Sauvages qui estoient
encores à genoux se redresserent, &
se mirent à crier en décochans leurs

ſléches contre nous, puis s'enfuïrent
comme Cerfs pourchaſſez de Veneurs,
ſans avoir atteints aucuns de nous,
pour en avoir tiré de trop loin.

Ayans mis pied à terre, nous courrumes vers l'endroit où nous creûmes
qu'ils ſeroient fuis, en intention d'en
attraper quelqu'un ; ce que nous ne
peûmes faire, s'eſtans perdus de nôtre veuë, ſans pouvoir ſçavoir de quel
côté ils eſtoient allez, ce qui ne nous
empeſcha pas d'aller juſques vers des
montagnes pleines de neiges, & avan-
çames encore d'avantage dans le païs,
où nous rencontrames ſur des butes
des arbres coupez, entaillez en forme d'Homme, de ſculture en boſſe,
fort groſſierement faites, devant une
deſquelles ſtatuës, à environ une lieuë
nous apperceumes deux de ces Sauvages à genoux, leurs armes en bas, l'a-
dorant, & nous appercevans ſe releve-
rent & s'enfuirent, comme ceux que
nous avions veu adorans le Soleil ſur
le bord de la Mer.

I iij

Nous courrumes le plus vite qu'il
nous fut possible pour les attraper; mais
ils gagnerent un bois de sapin, avec
tant de diligence, que nous ne peumes
sçavoir de quel côté ils estoient allez,
& retournans vers nos bords, en avisaˆ
mes de loing deux autres adorans une
pareille Idole, comme voyé en la figure
suivante, que les Zembliens nomment
Fetizot, dans laquelle le Diable se met,
rendant les oracles, a ce que nous dit
nôtre Patron.

# CHAP. XXXIV.

*D'une maladie appellée Scorbuth, de la-*
*quelle fut atteint l'Autheur, & la plus-*
*part des Danois avec qui il estoit.*

SE p t ou huit heures aprés que je
fut rentré dans nôtre Vaisseau, il
me prit un grand mal de teste, & un
vomissement, qui me dura deux ou trois
heures. Aprés quoy me vint un mal de
gorge, qui me donnoit de la peine d'a-
valler mes Amigdalles, estant fort enflées, accompagné d'une grande ébu-
lution de sang, & démangeaison par
tout le corps, mes gencives s'enflerent
& seignerent abondamment, avec
ébranlement de dents, me semblant à
tout moment qu'elles alloient tomber,
ce qui m'empeschoit de manger aucune
chose dure. Tout mon corps devint ex-
traordinairemét foible, avec fièvre len-
te, mon haleine courte & de mauvaise
odeur, accópagnée d'vne grande soif,

pour laquelle appaiser je beuvois fouvent de l'oxicrat. Quinze heures aprés
voyant que ce mal me continuoit, con-
fiderant qu'il me venoit en partie du
grand froid que j'avois eu, & de nourri-
ture de viandes falée, ce qui avoit irri-
té ma glande pituitaire, & envenimé
de telle forte, que la pituite avoit infe-
cté mes autres humeurs, fit que je m'a-
vifay de boire au lieu d'oxicrat de l'eau
de vie, avec de l'eau douce, & fit auffi
du fyrop de reglifle, duquel j'en avallois
d'heure en heure une cuillerée, ne man-
geant que du poiffon frais, gargarizant
fouvent ma bouche, tantôt d'eau de
vie, & tantôt de vinaigre pour raffer-
mir mes gencives & frotois auffi mes
dents, de miel rofat. La pluspart de ceux
qui eftoient dans nôtre bâtiment eftans
atteints de ce mal, auffi bien que moy,
je les traittay de mefme, & fit fi bien,
qu'en quinze jours je me gueris, & tous
les autres que je penfay.

Ceux des autres vaiffeaux ne furent
pas plus exempts que nous de cette ma-

ladie, si bien que les Chirurgiens furent obligez d'estaller leur science, pour guerir ceux qui en estoient atteints, par purgations & seignées; ce qui les faisoit plustost empirer qu'amander; si bien que deux Matelots en moururent, trois de l'autre vaisseau, & un Sous-Commis en six jours, & il en seroit bien mort d'autres, si on n'eut suivy mon conseil, qui fut de se servir des remedes dont je me servois, & d'abandonner les seignées & purgations, qui en cette maladie sont tuë Hommes. Ce qu'ont peu remarquer les Medecins de France dans l'Hyver de l'année 1670, que cette maladie que l'on prenoit pour Peste, en attaqua plusieurs par la rigueur du froid, de laquelle quantité en moururent par les purgations & seignées.

Estant en Alger, il prit à plusieurs une maladie, appellée aussi Scorbuth; de laquelle ceux qui en estoient atteints avoient les Amigdalles si enflées, qu'il leur sebloit avoir un morceau de chair dans la gorge, ayant aussi les mêmes

symptomes que cy-devāt est dit, engen-
drez aussi d'une pituite acre & mordi-
cante, qui infecte les autres humeurs,
& principalement la masse du sang,
tout ainsi que la grosse verolle, en estant
une espece, que les Indiens appellent
Pians. C'est ce qui m'obligea de traitter ceux qui en estoient atteints, comme verollez; ainsi qu'il se void dans
mon *Histoire de l'Estat des Royaumes
d'Alger, de Couque, & de Tetuan*, &
dans mon *Traitté de la Maladie Vene-
rienne*.

---

# CHAP. XXXV.

*De la pesche du Cheval Marin, & de la
perte de deux Matelots, qui furent noyez
par le remuëment de la queuë d'un de
ces poissons.*

A**YANS** demeuré quinze ou seize
jours à l'anchre aux côtes de la
Zemble, pour la commodité des mala-

des, tous estans gueris, à la reserve de
quelques-uns qui s'en sentoient encore,
nos Patrons voyans le temps beau, se
resolurent de lever l'anchre pour aller
plus avant vers le Voygatt à la pesche
du *Wal-Rus*, qui est ce poisson que
nous appellons *Cheval-Marin*, & cinglames en pleine Mer environ trois
lieuës, où nous demeurames à croiser
de côté & d'autres sans nous éloigner
d'avantage, ayant mis nos chaloupes
en Mer avec les Harponneurs & Cou-
peurs de poissons, sçavoir huit en chacune, contant les rameurs.

Au bout de trois fois vingt quatre
heures que nous avions esté sans rien
prendre, nous vimes venir deux gros
poissons, dont l'un avoit une corne d'assez belle longueur, que nos pecheurs se
mirent en estat de prendre, & l'ayant
approché d'un jet de pierre loin, nos
Harponneurs luy jetterent leurs harpons, les uns d'un côté, & les autres de
l'autre, laschans les cordes à quoy ils
estoient attachez, se retirans en dili-

gence, comme voye en la figure suivante.

Ayans atteints nôtre bord, voyans
que le poisson alloit sur l'eau, qui est
la marque de sa foiblesse, ils le tirerent

...tit à petit par les cordes qui estoient
...ux harpons, ce qu'il souffrit sans se de-
...attre, n'en ayant pas la force, pour
...voir perdu tout son sang; & les cou-
...eurs faisans leur office luy couperent
...reste, que nous gardâmes, & le reste
...jetté en Mer, n'estant propre ny à
...hanger, ny à faire de l'huile; [illegible]
...ne de ce poisson ne se faisant que pour
...[illegible] qui servent à faire [illegible]-
...[illegible] ouvrages, comme l'yvoire,
...[illegible] beaucoup plus cher,
...[illegible] blancheur qui sur-
...asse celle de l'yvoire, qui à cause aussi
...ue les ouvrages que l'on en fait ne se
...ouffrissent pas [illegible]
... La corne de ce poisson [illegible]
...nes estoit bien de [illegible] de long,
...fort lourde, tournée en limaçon, grosse
...comme le bras en sa racine, vers le
...este allant en raptissant jusques au
...aut, qui faisoit une pointe comme
...d'une aiguille.

Une chaloupe ayant approché de
...rop prest l'autre poisson, en luy jet-

tant l'harpon, se sentant blessé, donna
un si grand coup de sa queuë contre la
chaloupe en se débattant, qu'il la ren-
versa, & les autres ne peurent si bien
faire pour les aller secourir, qu'il n'y en
eut deux de noyez ; ce qui nous fascha
fort, le poisson fut pris, & eut la teste
coupée comme le nôtre, que je fus voir
trois ou quatre heures aprés sa prise, il
n'avoit pas de corne, mais en recompense ses dents estoient beaucoup plus
grosses.

Nous fumes bien quatre fois vingt-
quatre heures à croiser la Mer aprés
cette pesche sans attraper rien, mais
comme nous estions dans le dessein de
changer de lieu, nous apperceumes
quatre de ces poissons, qui paroissoient
en apparence plus grands que les deux
que nous avions pris ; ce qui nous fit
broüiller les voiles, fimes descendre
dans nos chaloupes nos harponneurs,
avec les autres gens necessaires pour
cette pesche. Nous primes trois de ces
poissons, & un se sauva ; celuy que nos

pecheurs amenerent à nôtre bord estoit
sans corne, aussi bien que les autres, &
douze ou treize heures aprés ayans encores apperceus cinq de ces poissons,
nous fimes promptement descendre nos
Harponneurs, & autres necessaires pour
la pesche, dans nos chaloupes, pour
tascher de les avoir, principalement un
qui estoit encore cornu, mais quelque
diligence que nous fimes, & les autres
de nôtre compagnie, nous n'en peumes
attraper que deux, trois s'estans écha-
pez, entre lesquels estoit le cornu. Et
deux ou trois heures aprés cette pesche,
nous en apperceumes encore trois,
aprés lesquels nos pecheurs furent, &
en attraperent un, qui fut emmené
à nôtre bord, il avoit la teste si grosse,
que chacune de ses grandes dents pe-
soient vingt neuf à trente livres.

Deux fois vingt quatre heures aprés,
appercevans sept ou huit de ces poissons, entre lesquels il y en avoit un cornu, nous mimes toutes nos chaloupes
en Mer, & fumes si heureux, que nous

en primes cinq, parmy lesquels estoit
le cornu, qui fut aussi emmené à nôtre
bord. Sa corne estoit de mesme que le
premier, mais non si lourde, si grosse,
ny si longue, n'ayant pas plus de sept
pieds de longueur.

Ayans encore esté cinq fois vingt-
quatre heures sans rien appercevoir,
un vend de Nord Nord Ouest se levant
nous tendimes tous nos voiles pour aller au Voygatt, afin de le passer, si faire
se pouvoit; mais y estant à environ trente cinq lieuës dedans, nous n'osames
pas aller plus avant, à cause des grandes
pieces de glaces & montagnes glacées
couvertes de neges, qui se nomment
les Patenotres, qui bouchent le passage d'entre la Mer glacialle de la grande Mer de Tartarie, en laquelle si l'on
y pouvoit entrer par cét endroit, l'on
abbregeroit le chemin de nôtre Occean pour aller aux grandes Indes de
plus des trois quarts, qui pour ce sujet est nommé *Voygatt*, qui veut dire
en nôtre lange, *Cul de chemin*, ou *Cul*

*de*

---

# CHAP. XXXUI.

*Hardiesse des Ours des montagnes du Voy-*
*gat, & de la prise de certains Oyseaux,*
*que les Dahois nomment Pingoins,*

CINQ ou six heures aprés que nous
fumes anchrez, un de nos Matelots estant allé à terre pour y faire ses
necessitez, un Ours vint à luy par derriere, qui le frappant de sa patte le ren-
versa, & l'auroit sans doute devoré, si
nous ne l'eussions promptement apperceu. L'ayant tiré d'abord d'un coup de
fusil, il fut si bien atteint, qu'il tomba
mort sur la place, & par ce moyen le
Matelot rechapa, ayant eu grand' peur.
Peu aprés vint à un de nos vaisseaux
deux Ours pour entrer dedans, à un
desquels on coupa les pattes de devant
à coups de haches, voulant grinper
dedans, & l'autre fut tué d'un coup de
fuzil. Estans à regarder cette execu-

K

tion, un de nos Matelots se mit à s'é-
crier, comme s'il eut esté prest d'estre
devoré, avec raison; puis qu'un de trois
qui estoient venus à la nage vers nous
estoit desja entré dans nôtre bord, ce
qui nous fit prendre promptement
des rames & bâtons, avec quoy nous
l'assommames, & tuames aussi les autres
à coups de fusils. Nous ne croyons pas
qu'il en viendroit d'avantage, mais nous
fumes trompez ; car quatre ou cinq
heures après, nous en vimes venir huit
ou dix de dessus les glaces, qui se mirent
à nager vers nos bords ; ce qui nous
obligea de prendre les armes, & les
voyans prés de nous, qu'ils preten-
doient leur servir de próye, nous les
atteinmes si bien, que pas un n'en rechapa.

La quantité de ces animaux descendans des montagnes pour venir vers
nous, comme pour nous faire la guerre,
en ayant crainte, nous levâmes l'ancre
pour retourner d'où nous estions venus.

Ayans vogué environ quinze heures

pour nous tirer hors du détroit, à la faveur d'un vent d'Est, avec bien de la peine, à cause des glaces ; nous fumes anchrer auprés d'une Isle fort belle, & verte de mousse, de sapins & genevriers, où quelques uns des nôtres y estans descendus, y virent des Oyseaux, qui pour leur grosseur à peine pouvoient-ils voler, nous le vinrent dire ; ce qui m'obligea avec une quarentaine d'autres, tant de nôtre vaisseau, que des autres, d'aller à terre, pour faire la chasse à ces Oyseaux-là, & en tuames partie à coups de fusils, & l'autre à coups de bâtons, environ une soixantaines, que nous portames dans nos bords.

Ces Oyseaux que nôtre Patron nous dit se nommer Pingoins, ne sont pas plus hauts que des signes, mais une fois plus gros, blancs de mesme, le col aussi long que celuy d'un Oye, la teste beaucoup plus grosse, l'œil rouge & étincellant, grand comme une piece de quinze sols, le bec allant en pointe, d'un brun jaunâtre, & les pieds de mes-

me, qui sont fermez comme ceux des
Oyes, & ont une espece de sac de prés
d'un pied de long, qui commence dés
de dessous le bec, continuant le long
du col, jusques à la poitrine, en s'elar-
gissant en bas, de telle sorte qu'il tient
bien un por de vide, dedans quoy ils re-
servent leurs mangeailles quand ils sont
sous, pour en manger au besoin, ainsi
que voyé en la figure suivante.

Pour les manger nous fumes obligez de les écorcher, ayans la peau fort dure, de laquelle on ne peut tirer les plumes qu'avec grande peine, la chair en est tres-bonne, de mesme goust que celle des canards sauvages, & fort grasse, dequoy nous fimes bonne chere,

---

# CHAP. XXXUII.

*D'un Zemblien qui pensa estre pris des Danois, avec qui estoit l'Autheur, d'un autre Zemblien & une Zemblienne pris dans leur Canoe, & de la structure de ce bâtiment.*

AYANS demeurez à l'anchre proche de cette Isle où nous avions esté à la chasse des Pingoins, pendant deux fois vingt-quatre heures, un vent d'Est sud-Est nous venant favorable, nous levâmes l'anchre, & primes nôtre cours au Nord Nord Ouest, & quelques heures après sortant du détroit, le vent se venant à changer, nous obligea

de cingler le long des côtes à l'Eſt Nord
Eſt, vers le haut cap, ou au bout de
trente heures nous arrivâmes, qui eſtoit
proche du lieu où nous avions desja
anchré, & veu ces Zembliens qui ado-
roient le Soleil, comme je l'ay cy-devant dit.

Sa Majeſté Danoiſe ayant donné charge à nos Patrons & Commis, que ſi l'on
voyoit du monde en la Zemble, de tâcher de luy en amener quelques uns,
pour ſçavoir d'eux ce qui ſe fait dans le
païs, fit que nous mouillâmes l'anchre à
cét endroit, & d'abord on mit les chaloupes en Mer pour aller à la découver-
te; pour cét effet on commanda trente perſonnes en quatre chaloupes, du
nombre deſquels j'eſtois.

Nous n'eumes pas pluſtoſt quitté
nos Navires, que nous apperceumes à
environ demie lieuë de terre un Zemblien dans un Canoe, qui nous appercevant aller vers luy, rama de telle
force, qu'il nous fut impoſſible de l'atteindre, & eſtant au bord de terre,

chargea fon Canoe fur une de fes épaules avec une promptitude & dexterité
grande, tenant de l'autre main fon
arc, fon dard, & fon carquois derriere
le dos, fuyant comme voyé en la figure
fuivante.

Ayans mis pied à terre, nous courrumes aprés vers une coline, que nous

luy avions veu monter ; mais comme
il estoit plus agile que nous, il nous fut
impossible de l'attraper ; & l'ayant perdu de veuë, retournames à nos chaloupes, fâchez d'avoir manqué cette prise.
Comme nous voguyons vers nos bords,
nous avisames deux Zembliens en
pleine Mer , qui ramoient, nous ayans
apperceus vers des promontoires &
écueils pour s'y cacher ; ce que voyans,
nous nous mimes à ramer, si bien que
nous les attrapâmes, quoy qu'ils fuyoiēt
en ramant de toutes leurs forces vers
un roc, où nous les investimes , & se
voyans pris, jetterent des cris épouvantables. Nous les menames jusques à
nôtre bord , d'où on les tira avec des
cordes dans leur Canoe, qui estoit fait
en gondolle, long de quinze à seize
pieds, de deux & demy de largeur, fait
de côtes de poissons tres-artificielle-
ment, dans lequel ils estoient joints de
peaux de poissons, cousuës ensembles,
qui faisoit comme une bource d'un
bout du Canoe à l'autre, dedans quoy

ils eſtoient enfermez juſques à la ceinture, de telle ſorte qu'il ne pouvoit entrer une ſeule goute d'eau dans leur
petit bâtiment, ſe pouvant par ainſi ex-
poſer à toutes les tempeſtes ſans aucun
danger, & reconnumes que l'un étoit
homme & l'autre femme, auſquels nous
fimes tous nos efforts par carreſſes & ſi-
gnes d'amitié de nous enſeigner ou ils
habitoient ; mais n'y pouvant rien ga-
gner, nous primes des proviſions pour
quelques jours, & mimes pied à terre une trentaine, tous bien armez,
ſeparez en deux bandes, écartez de
cent pas l'un de l'autre, nous cachans
dans des cavernes ſous des roches, mettans des ſentinelles proche des arbres
en lieu couverts, propres à découvrir
s'il n'y viendroit point de ces ſauvages,
pour en attraper quelqu'un, qui nous
montraſt leurs habitations.

# CHAP. XXXUIII.

*Prise d'un autre Zemblien, & d'une Zem-*
*blienne, de leurs vêtemens, armes &*
*maniere de vivre.*

**I**L y avoit environ deux fois vingt
quatre heures que nous estions au
guay, lors qu'un de nos sentinelles nous
vint donner avis, qu'il en avoit veu deux
descendans une coline, venans devers
la Mer. Six demeurerent dans la caverne, cinq autres & moy allames un peu
plus loin dans une autre, & un
quart d'heure aprés ces deux sauvages
passerent entre nos deux cavernes un
peu plus bas que nous, sans nous avoir
apperceus; ce qui obligea un des nôtres
de tirer un coup de fuzil en l'air, tant
pour advertir les autres, que pour les faire arreter. Les voyans proche de l'autre
caverne, d'où tous sortans nous les en-
tourames de telle sorte, qu'ils ne peurent fuïr, & les primes.

Leurs vétemens estoient de peaux de Pingoins, les plumes en dehors, qui y tenoient toutes, consistans en un haut-de chausse fort étroit, qui ne leur alloit que jusques aux genoux, une camisole de mesme, dont les manches ne leurs alloient que jusques aux couldes, le reste des bras estant nud, cette camisol-le alloit en pointe devant & derriere comme une queuë, ayans un bonnet fait en pain de sucre, & des bottes de peau de Veau Marin, d'un brun roux, le poil en dehors. Nous reconnumes, quoy qu'habillez l'un comme l'autre quel'un estoit Homme, & l'autre Fem-me, l'Homme n'estant âge que d'envi-ron vingt quatre ans, ayant comme les autres le visage fort large, d'un brun bazané, le nez fort camus & large, les yeux petits tirez vers les temples, sans barbe & sans cheveux, estoit endossé d'un carquois plein de fleches, une ha-che d'armé d'os de poisson, qu'il tenoit d'une main sur une épaule, & de l'autre un arc, comme voyé en la figure.

La Femme estoit âgée d'environ 20 ans
ayant les cheveux en deux nates, qui
luy pendoient sur les épaules, avoit des
rayes bleuës lelong du manton, & trois
ou quatre sur le front, les oreilles & le
dessous du nez percez, où il y avoit des
pierres bleuës penduës à de petits an-
neaux d'os de poissons, dont celles des
oreilles estoient grosses comme aveli-
nes, & celle du nez comme un pois,
tenant d'une main un dard, comme
voyé à la figure 2.

Nous fimes tout nôtre possible de les obliger de nous montrer où ils habitoient, mais ny gaignans rien, non plus qu'aux autres que nous avions pris dans leur canoe, nous fumes contraints de les mener à nôtre bord, où y estans entrez, nous les mimes avec les autres, qui les reconnurent, à ce que nous peumes appercevoir, quoy qu'ils ne fussent pas habillez de plumes, mais tout de peau de Veau-marin, le poil en dehors, les camisolles estant faites de deux peaux cousuës ensemble, dont les queuës leur pendoient l'une devant, l'autre derriere jusques vers les cuisses, & les haut-de-chausses estoient fort estroits. Le plus vieux qui pouvoit avoir cinquante ans, ayant une barbe ronde, de couleur châtin, & sans cheveux, la Femme qui avoit environ trente ans, ayant aussi le nez & les oreilles percées, où estoient pendans aussi des pierres bleuës, avoit les cheveux en deux nates, pendans sur les épaules, & des rayes bleuës au manton & au front, estans aussi laids les uns que les autres, petits & trapus comme les Samojedes, Lappons, Borendiens & Siberiens, & avoient le parler fort gresle & l'haleine mauvaise, tant pour ne manger que de la chair sans sel ou du poisson trempé dans de l'huile de poisson, ne boivent que de l'eau, ne leur ayant jamais peu faire manger de pain, ny de viande, ny poisson salé, ny boire de bierre, mais bien un peu d'eau de vie, & haïssoient fort la senteur du tabac.

Toute leur couture estoit faite de tirets de peau de poisson, leurs aiguilles avec quoy ils cousoyent d'arrestes de poisson, le bout de leurs dards & de leurs fleches d'os de poisson, comme aussi tous leurs instrumens.

Le bois de leurs dards & de leurs arcs estoit pesant, & de couleur d'un rouge brun ; & celuy de leurs fleches beaucoup plus leger & plus blanc, & alloient tous cannetans.

# CHAP. XXXIX.

*Départ des Dannois, avec qui estoit l'Auteur, de la Zemble, pour retourner en Dannemarck, de leur arrivée en Groenland, de la pêche de la Baleine, & comment il s'en tire l'huille.*

LA saison estant fort avancée, pour estre desja à la fin d'Aoust, les jours commençant à decliner, appercevans une demie heure de nuict, le froid s'augmentant un peu, nous obligea de lever l'anchre à la faveur d'un vent Nord-Nord Est, prenans nôtre cours au Sud-Oüest. Aprés avoir cinglé quelques heures le vent changea, & nous vint Sud-Sud-Est, qui nous obligea à reprendre nôtre cours au Nord, pour tâcher d'attraper les côtes, lesquelles nous cottoyames à la faveur de ce vent jusques en Groenland, où un vent contraire nous venant du Oüest-Sud-Oüest, nous obligea de moüiller, proche d'vn

nombre de navires François & Hollandois, qui estoient proche de terre à
la pesche de la Baleine, laquelle se fait
comme celle du Cheval Marin, que
l'on attire proche terre, & y estant
morte, elle est coupée par morceaux
pour en prendre le lard, que l'on fond
dans des chaudieres, pour en tirer l'huille, proche des cabanes, que les pecheurs
bâtissent le long de la Mer. Cela nous
vint assez à propos pour nos Zembliens,
afin de leur faire revenir l'appetit, qu'ils
commençoient à perdre, y ayant deux
jours que nostre huile de poisson nous
estoit manquée, qui nous empeschoit de
leur en donner pour tremper le poisson
que nous leur donnions pour manger.

Je vis accommoder une baleine, de laquelle on tira plus de trois cent cinquante livres pesant de barbes, dequoy
se seruent les Tailleurs pour faire des
busques & des corps d'habits.

# CHAP. XXXX.

*Départ des Danois avec qui estoit l'Auteur de Groenland, de trois Soleils qui leur parurent sur Mer, & d'une tempeste qui les obligea d'aborder les costes d'Islande.*

AYANT demeuré deux jours en Groenland, un vent Nord-Est se levant, fit que nous levâmes l'anchre pour continuer nôtre route, prenans nôtre cours à l'Ouëst-Sud-Ouëst, tenant la hauteur de la Mer. Le vent nous estant favorable toute cette journée-là, jusques au lendemain cinq heures du matin, qu'il nous devint contraire, vîmes paroître vers l'Est-Sud-Est trois Soleils élevez l'un sur l'autre, de telle sorte que nous ne pûmes discerner le veritable d'avec les deux autres. Et plus avant au Sud, nous vimes que le temps s'obscurcissoit ; qui fit dire à nôtre Patron & au Pillote, que nous aurions vne grande tempeste, ce qui les obligea

L

de faire abaisser la plus grande part des
voiles, & tirâmes un coup de canon pour
signal à nôtre Compagnie de faire comme nous ; & aprés cela, nous nous mimes en priere, en attendant la volonté
de Dieu.

Quelques heures aprés nous vint un
vent impetueux de Sud Sud-Est, avec
une pluye, accompagnée de tonneres si
grands, que nous croyons estre la fin du
monde, & la Mer d'autre part s'agitoit
horiblement, de maniere que nous ne
pouvions tenir d'autres voiles que celuy
de Mizaine, encore la vergue estoit-
elle bien basse, & deux Matelots estoient
contraints de tenir l'Aviron avec des
cordes, ayans bien de la peine de gou-
verner le vaisseau.

Ayans vogué ainsi tout le reste du jour
& la nuict, sans que le vent s'abaissa, le
Patron commanda à vn Matelot de
monter sur la grande Hune pour découvrir quelque terre, pour sçavoir où
nous pouvions estre.

Ce Matelot ayant regardé de côté &

d'autre, dit qu'il voyoit à l'Ouëst Nord-Ouëst un grand feu; ce qui fit dire à nôtre Pilote que c'estoit Hecla, montagne d'Islande, & quoy que nous n'y eussions que faire, le vent nous estant contraire, & des bourasques nous batans continuellement, qui nous empeschoient de tenir la Mer, nous fit prendre resolution d'y aller chercher à nous y mettre à couvert. En prenant la route arrivâmes proche des côtes sur le soir, d'où toute la nuict entendimes des bruits étranges, comme des décharges d'artillerie, & vimes des feux & des flames sortir en abondance du mont Hecla.

La quantité des écueils que nous rencontrames à l'abord de cette Isle, & l'agitation de la Mer, nous faisoit craindre d'en approcher, mais par l'adresse & vigilence de nôtre Pilote, nous fumes anchrer sous le Cap Hori sans aucun mal, un des vaisseaux de nôtre Compagnie qui n'avoit pas un conducteur si adroit ny si expert, rompit à

deux pas de nous une partie de son espe-
ron contre un roc, & courut grand risk
que d'estre brisé. Quant à l'autre, il
n'eut point de mal non plus que nous.

---

# CHAP. XXXXI.

*Arrivée de l'Auteur à Kirkebar, de son
voyage en Hecla, du danger qu'il encou-
rut, & des merveilleux effets de deux Fontaines qui sortent de ce Mont, & autres
particularitez.*

AYANS mis pied à terre, je fut
avec nôtre Patron, nôtre Commis, & autres, au nombre d'une quin-
zaine, tant de nôtre vaisseau, que des
autres, au Village appellé Hori, qui est
à environ une lieuë & demie de la Mer,
& de là fumes à Kirkebar, petite villet-
te ou gros bourg d'Islande, où là nous y
trouvâmes un Commis, & sept ou huit
Marchands Danois, qui furent tous
estonnez de nous voir, nous receurent
avec joye, & nous raconterent comme

le jour precedent toute l'Isle avoit trem-
blé, & avoient crus abimer. Ils nous regallerent de bon vin, de bon pain, & de
bonne viande fraische, y ayant quantité de bestail, qui pour le goust qu'il
prend au pasturage, dont les campagnes sont toutes remplies, il faut que les
habitans les fassent paître par mesure,
afin d'empescher qu'il ne creve; ce qui
arriveroit si on le laissoit manger à dis-
cretion, comme on fait aux autres païs.
Nôtre Patron, nôtre Commis, &
d'autres, témoignans au Commis de
Kirkebar la volonté qu'ils avoient de
voir les particularitez de l'Isle, fit preparer des chevaux pour les mener. Je té-
moignay vouloir estre de la partie, ce
qu'ils m'accorderent. Nous montâmes
huit que nous estions à cheval, laissant
les autres qui n'estoient pas curieux, &
partimes accompagnez d'un des domestiques du Commis de Kirkebar, & de
deux Islandois, qu'il nous donna pour
nous servir de guides, avec un cheval
chargé de vivre Nous marchames deux

jours entiers par des chemins montueux, difficils, raboteux, & non fre-
quentez vers le Mont Hecla, où y estant
à environ une lieuë & demie prest,
nous trouvames la terre toute couverte
de cendres & pierres ponces, à travers
lesquelles nous cheminames jusques au
pied du Mont.

Le temps estant fort serain & calme,
& ne voyans point sortir de la montagne aucun feu ny flames, nous primes
resolution de monter jusques au haut,
mais nos guides pour nous en détour-
ner, nous firent entendre, que si nous
passions outre, que nous tomberions
dans des gouffres de feu, d'où jamais
nous n'en reviendrions. Cela ayant
donné de la crainte à toute la compagnie, qui estoit preste de retourner sur ses pas, me fit leur dire, que si
l'on vouloit m'attendre, que j'irois moy
seul, ce qu'ils me promirent.

Un Marchand de ceux que nous
avions trouvé à Kirkebar, qui estoit venu avec nous par curiosité, dit me vouloir tenir compagnie.

Nous mimes pied à terre, donnans nos chevaux à tenir à nos guides, qui demeurerent avec les autres, & montames à travers les cendres & pierres ponces, y entrans jusques à my jambes, pretendans d'aller jusques au haut, où nous, y vimes voler quantité d'oyseaux noirs, qui estoient des corbeaux & vautours qui y nichent.

Ayans monté environ demie lieuë, nous sentimes la terre trembler sous nos pieds, & entendimes un gromellement & tintamarre si grand dans les entrailles de cette montagne, qu'il sembloit qu'elle vouloit s'enfondrer, & dans ce mesme temps parut de tous côtez au tour & tout proche de nous des fentes, d'où sortoient des flammes bluacres, puantes & sentant le souffre brûlé, ce qui nous fit rebrousser chemin crainte d'en estre consommez.

Ayans descendus une trentaine de pas, une bouffée de cendre sortit de ce mont si grosse que le Soleil s'en obscurcit, & nous couvrit de telle façon, que

nous ne nous voyons pas l'un l'autre, &
qui nous donna encore plus de frayeur,
fut de voir sortir de moments en momens de derriere nous des bouffées de
feux, de cendre & de pierres ponces,
qui tomboient sur nous comme gresle,
& des gromellemens sous nous, qui
nous faisoient jetter des cris épouvantables, croyans que toutes les Furies in-
fernales sortoient de ce mont pour nous
accabler, attendans à tout momens
que la terre s'ouvrit pour nous englou-
tir, ne laissans toutesfois de courir en
descendans tant que nous pouvions
pour fuir le danger où nous avoit mis
nôtre curiosité.

La peur nous donna tant de force
aux jambes & d'agilité de corps, qu'un
bon quart d'heure aprés nous arrivâmes
proche de nos gens, qui se prirent tous
à rire, de nous voir changez & si bien
ajustez, que l'on auroit dit qu'on nous
avoit plongez dans du noir à noircir;
Mais ce ris leur passa aussi tost qu'ils
nous virent tomber à leurs pieds, éten-

dus comme morts, les esprits & la pa-
role nous manquans, pour lesquels faire revenir nous frotterent les tempes,
les narines, & les mains de vinaigre.

Estans revenus, l'on nous donna à
chacun une tassée de vin d'Espagne,
qui restablit tous nos sens, puis partimes, cotoyans cette montagne, à quelque cent pas de laquelle allans vers
deux fontaines, dont l'une bout tou-
jours, & l'autre est si froide, qu'elle
congelle tout ce qui est mis en pierre.
Nous trouvâmes une pierre pôce, grosse comme un muid, qui avoit esté jettée de cette montagne il y avoit peu,
laquelle admirans, nos guides nous dirent qu'il en estoit jetté de plus grosses,
en ayant veu que dix Hommes n'auroient pas peu remuer le moins du
monde, & nous dirent aussi, qu'il sor-
toit d'autres fois au lieu de feux, flames,
cendres & pierres ponces, comme nous
l'avions veu, des jets d'eau chaude comme des tonneaux, d'autres fois rien que
des flames, d'autres rien que de la cen-

dre, & d'autres fois rien que des pierres.

Ayans cheminé environ trois heures arrivames proche ces deux fontaines, qui sont à environ trente pas l'une de l'autre ; & comme nous trouvâmes la froide la premiere, j'y mis dedans une baguette que j'avois, & l'ayant retirée, je fus surpris d'en voir le bout qui avoit touché au fond, comme metamorphosé en fer, & aussi pesante. Delà fûmes vers la bouillante, de laquelle environ de dix pas loin vîmes des animaux gros comme des plongeons, la pluspart rouges, qui sautoient & se joüoient ensemble, ce que nous admirames, nous arrétans une petite espace de temps ; mais si-tôt que nous en fûmes proche, nous n'en vîmes aucun, & nous en éloignans recommencerent à se montrer & se joüer comme auparavant, ce qu'ils font quand ils ne voyent personne auprés d'eux, & quand l'on en approche s'en foncent au fond de cette fontaine, qui a plus de soixante brasse de profondeur, à ce que nous dirent nos guides.

Delà cheminames vers la Mer, où en estant à environ demie lieuë prest, commençames d'entendre un certain bruit, comme de voix plaintives, que nos guides me vouloient faire croire comme aux autres, estre lamentations des damnez, que le Diable tourmente, les rafraischissans en des glaces qui sont là, aprés les avoir rôtis dans les flammes d'Hecla.

La curiosité nous porta tous d'aller voir ces glaces, n'y en ayant point autour de l'Isle qu'en cet endroit, où y estant tout prest, je vis que ces lamentations imaginaires de damnez provenoient de ces glaces, agitées par le vent & l'eau, se choquans les uns contre les autres, & contre des écueils.

Ces glaces, à ce que nous dirent nos guides, ne manquent point de venir là sur la fin du mois de Juin, & de disparoistre le quinze Septembre, qui estoit le surlendemain que nous y étions.

Delà repriment nôtre chemin pour retourner à Kirkebar, où nous y arrivames trois jours aprés, & de là nous re-

vinrent vers nos bords, où nous y rencontrames le Gouverneur de l'Isle, accompagné de l'Evesque de Scatholt,
qui estoient venus voir nos vaisseaux en
ayans appris l'arrivée, & que nous venions de la Zemble.

----

# CHAP. XXXXII.

*Habitations, maniere de vivre, & super-*
*stitions des Islandois, & autres particu-*
*laritez.*

LES Islandois habitent la pluspart
dans cavernes, entaillées dans des
rocs, & les autres dans des cabanes,
construites comme celles de la Laponie, les unes faites d'os de poissons, &
les autres de bois, couvertes de gazons
de terre, leur bestail & eux couchans
sous un mesme toict, sont fort laids, &
leurs Femmes aussi, & bazannez, se vetent la pluspart comme les Norweguiens, leurs chemises estant de toille
de sarpillaire, & aucuns se vetent de

peau de Veau marin le poil en dehors.

Ils vivent fort simplement, ainsi que tous les autres Septentrionaux, se couchent sur de l'herbe seche, & quelques peaux pardessus tout habillez, ne faisant qu'un lict pour tout ce qu'ils sont dans une maison.

Tout leur travail est la pesche, sont salles, incivils, brutaux, & presque tous sorciers, adorans un Diable, qu'ils nomment Kobalde, qui leur apparoist fort souvent en forme humaine, & aussi une Idole de bois, entaillée avec un coûteau, assez mal bastie, & fort hideuse, qu'ils montrent rarement, crainte qu'elle ne leur soit prise des Prestres Lutheriens qui les instruisent en la Loy Chrétienne tâchans de les delivrer de l'esclavage de Satan.

Ils ont presque tous des *Trolles,* qui sont *Diables familiers,* qui les servent comme fidels serviteurs, les advertissant des accidens & maladies qui leur doivent arriver, des reveillent lors qu'ils dorment pour aller pescher quand il y

fait bon, & s'ils y vont sans leur avis
ils ne prennent rien.

Ils sont si experts en l'Art Magique,
qu'ils font voir aux estrangers ce qui se
passe en leurs maisons, mesme leurs peres, meres, parents & amis qu'ils desi-
rent, soient vivans ou morts, & vendent aussi le vent aux navigeurs pour
aller où bon leur semble.

Le Commis de Kirkebar & d'autres
m'ont assuré que ceux qui sont à la pesche au bas d'Hecla le jour qu'il se don-
ne quelque bataille en quelques lieux
de l'Europe que ce soit, voyent des
Diables entrans & sortans de cette
montagne, y menans des ames, & en
allans querir.

S'il arrive que quelques uns de leurs
amis soit mort, & qu'ils en soient en
peine, les cherchans s'apparoissent à
eux tout tristes, leur racontans comme
ils sont morts, & au Diable, qui leur est
un rigoureux maître, que l'on n'a que
faire de se mettre en peine d'eux, &
qu'ils vont en Hecla.

Les campagnes d'Islande quoy qu'elles soient belles, & pleines de paturage, ne peuvent produire de bled ny autres graines propre à faire du pain, à cause du grand froid qu'il y fait, & du Nord-Est, que nous appellons vent de bize, qui y est vehement.

---

# CHAP. XXXXIII.

*Départ des Danois, avec qui estoit l'Auteur, du Cap Hori, de leur arrivée à Coppenhaguen, & du present que firent Messieurs de la Compagnie du Nord des deux cornes de Cheval-Marin, qu'ils croyent estre Licorne.*

TROIS jours aprés que nous fumes de retour à nos vaisseaux de nôtre voyage d'Hecla, qui estoit le vingt-deux Septembre, un vent de Nord nous venant favorable, nous levames l'anchre, & partimes, prenans nôtre cours au Sud-Sud-Est. Ayans vogué quelques

jours un grand frais nous prit venant
du Nord Nord-Ouëst, qui nous poussa
jusques aux côtes de Norwegue , où
reconnoissant les promontoires de Tal-
so, qui est une petite Ville, bâtie sur une
éminence , en laquelle il y a un fort
beau Château, à quatre grande lieuë
de pleine Mer, nous fumes joyeux , es-
perans de voir bien-tôt la fin de nôtre
voyage; mais nous n'eumes pas vogué
douze heures le long de la côte, que le
vent changea avec la Lune , qui nous
obligea de reprendre la hauteur de la
Mer pour la tenir, crainte de retourner
en arriere; ce qui n'empescha pas nonobstant tout le soin que nous peumes
apporter, que le vent ne nous fit recul-
ler de plus de quarante lieuës, & aprés
il s'abaissa , & nous donna un grand
calme, qui nous fit demeurer tout court.
Pendant ce temps-là, nous apperceumes au Sud-Sud-Ouëst un Sielon tres-
grand, qui fit beaucoup craindre nos
Mariniers , & les obligea de ployer
promptement tous les voiles, & d'abaisser

fer les vergues jusques au bas, croyans qu'il viendroit se verser sur nous; mais il n'en approcha pas de plus de deux lieuës, où nous le vîmes tomber. Ces Sielons sont certaines nuées faites en colomnes fort noires, qui paroissent du Ciel à la Mer, & qui tombans sur les Navires les font perir par l'abondance de l'eau dont ils l'emplissent, les sub-mergeans par ce moyen en les enfon-çans dans la Mer, s'ils en sont pris à plonb. Aprés ce calme un vent de Nord Nord Est vint à nôtre faveur, qui nous aida à parachever nôtre route; si bien qu'au bout de dix jours nous arrivâmes à la rade de Coppenhaguen, où aprés aprés avoir salué le Château, nous y mouillâmes l'anchre, & aussi-tôt on mit la chaloupe en Mer pour mettre pied à terre.

Estans entrez dans la Ville, Sa Maje-sté eut avis que nous avions des habi-tans de la Zemble, qu'il nous fit com-mandement de luy mener, ce que nous fimes, & les voyant les admira, tant en

M

leurs vétemens que corporance, &
commanda au Concierge du Château
de leur donner ce qu'il leur faloit, & les
faire parler, pour apprèndre la langue
du païs , nous fit faire recit des particularitez des païs où nous avions esté,
les mœurs & maniere de vivre des peu-
ples : Ensuite ayans pris congé de luy,
nous fumes trouver nos Maîtres, pour
leur rendre compte de nôtre navigation & de nôtre negoce, dequoy ils furent fort satisfaits ; puis firent approcher les Navires de Christianhawen,
où y est le magazin, pour les décharger; ce qui fut fait en deux jours.

Un des principaux des interessez fut
porter à Sa Majesté au nom de toute la
Compagnie, les deux cornes de Cheval-Marin, que nous avions apportées,
qu'il receut, comme une chose dont
l'on n'en peut estimer la valeur, croyant
estre veritables cornes de Licornes, desquelles quantité d'Auteurs ont d'é-
crit les vertus, & les fit aussi-tôt mettre dans la chambre du Tresor, pro-

mettant pour ce present d'avantager
les Meſſieurs de cette Compagnie de
tout ce qu'il pourroit, & gratifia le por-
teur d'une chaine d'or avec ſon por-
trait, & l'affranchit de tous droits.

# CHAP. XXXXUI.

*Abus de la Licorne, & des vertus de ſa
corne.*

ESTANT ſur le ſujet de la Licorne,
de laquelle ont fait tant d'eſtat de
la corne, pour les vertus qu'on luy at-
tribuë, je diray qu'il eſt tres difficile de
ſçavoir, quel animal c'eſt que la veritable Licorne, y ayant quantité d'animaux, que les Grecs appellent *Mono-
ceros,* & les Latins *Vni-Cornis,* comme
entre les bêtes à quatre pieds, pluſieurs
ânes & bœufs ſauvages, le Taureau
de Floride. Entre les Serpens, l'Aſ-
pic cornu & la Salamandre rouge.
Entre les poiſſons le Piraſſoipi, l'Elephan, & le Cheval Marin, le Caſpili,

l'Utelif. Plusieurs volatilles, &
entre les incectes, cette espece d'Es-
carbot qui se trouve en Flandre, An-
gleterre & Picardie, que nous appellons Licorne volante, & autres animaux
de differentes especes, desquels ils s'en
trouvent en quantité aux Indes.

Les uns veulent que la Licorne soit
un animal terrestre, les autres un aqua-
tique, qui ne peut vivre que dans l'eau,
& d'autres un amphibie qui vit sur la &
dans l'eau.

Pline dit, que la Licorne est semblable à un Bœuf, toute tacherée de blanc,
le pied fermé comme le Cheval.

Munster, qu'elle est semblable à un
poulin de trois ans, de couleur d'une
Bellette, ayant la teste comme un Cerf,
les jambes gresles, & le pied de mesme,
& qui porte sa corne au milieu du
front, qui a deux coudées de long.

Marc Paul Venitien, dit qu'elle est
semblable à un Elephan, un peu plus petite, de la mesme couleur, proportion-
née de mesme, à la reserve de sa queuë,

qui est semblable à celle d'un Bœuf,
& la teste comme celle d'un Cochon, &
si pesante qu'elle l'a toûjours baissée.

Philostargie, qu'elle a la teste comme celle d'un dragon, au milieu de laquelle est une corne de moyenne grandeur, faite en limaçon, a de la barbe au
manton, le col long, les pieds comme
ceux d'un Lyon, & le reste du corps
semblable à peu prés à celuy d'un Cerf,
& la peau comme celle d'un Serpent.

Hesidore, que c'est une beste si agil-
le, qu'il est impossible aux Veneurs de
la prendre.

Louïs Paradis, que l'on nourrit les
Licornes estant prises, de pois, lentilles
& féves. Que ce sont animaux de la
grandeur d'un Levrier d'attache, non
si gresles, mais plus grosses, ayant le
poil de couleur de castor, fort uni, le
col gresle, les jambes seches, les pieds
fendus, comme ceux des biches, la
queuë de mesme, la teste courte & seche, le muffle semblable à celuy d'un
Veau, les yeux grands, les oreilles

petites, & entre les deux une corne fort
lice, de couleur par le dehors d'un
obscur bazané, longue d'un pied.

Thevet, que la Licorne est grande
comme un Taureau de six mois, a les
jambes & les pieds semblables à celles
des asnes, les oreilles comme celles du
Rangiferé, qui porte sa corne droit au
sommet de la teste.

Louïs de Barthene, que la Licorne
ressemble à un Cheval baye, ayant le
pied fendu, & sa corne au milieu du
front.

Volnesse, veut que le Rhinoceros
soit la veritable Licorne, Garcias le
Camphur, & Iean Corbichon l'Egli-
ceron.

Albert dit, que la corne de Licorne
a en sa baze une palme & demie de
largeur, qu'en diametre est longue de
dix pieds. Louïs de Barthene, qu'elle a
trois brasses de long. Munster trois
coudées. Marc Paul deux. Louïs Paradis vn pied & demi. Nicolas Venitien un pied, & Cardan trois doigts
seulement.

Pline dit, que la corne de Licorne est noire. Solinus de couleur de pourpre. Loüis Paradis de couleur de cœur de Rhubarbe nouvellement rompuë. Albert de couleur de celle de Cerf, & d'autres plus blanche que l'yvoire.

Quand je considere les opinions des Autheurs qui ont écrit de la Licorne, les uns d'une façon, & les autres d'une autre, me fait persuader qu'ils n'en ont parlé, que pour se faire admirer, qui me le persuade encore d'avantage est le docte Baccy, qui assure, que tels écrivains ne doivent estre creus, pour ne sçavoir les particularitez de cét animal que par ouï dire, nul n'en ayant veu, estant une beste controuvée, ainsi que le Phœnix.

Quant aux vertus de cette corne de Licorne, supposons qu'il y en ait, & que celles que l'on nous veut faire passer pour telles soient veritables. I'assure qu'elles n'ont point plus de vertus que celles de Cerfs, de Chévres & l'yvoire, dequoy on se sert pour arréter les cra-

chemens & hemoragies de sang, comme aussi les flux de ventre ; ce qui se
fait par la vertu astringeante qu'ont ces
cornes, qui ne se devroit point nommer vertu, mais malignité necessaire,
puisque par leurs astrinctions causée
de la terrestrité de leur substance, ferme les conduits des veines & arteres,
poizon & non cardiaque, ainsi que la
pierre d'un certain Cler de Conseiller,
composée de souffre & de vitriol, qui
jettée dans vingt sceaux d'eaux de Riviere, l'admet pour toutes maladies,
ainsi qu'ont fait plusieurs Charlatans
des pierres precieuses, des perles & de
l'or, qu'ils ont voulu faire passer pour
Alexitaires ; ce que les experts Medecins ont reconnu estre fourberies, & si
l'on en reçoit quelque soulagement,
c'est par la vertu des choses dans quoy
on les a mises, & non par leurs vertus
propres, soutenans qu'une chose qui
n'est point nourrie, comme sont les perles, les pierres precieuses & l'or, lequel
s'il avoit cette faculté nutritive, les ri-

ches ne moureroient jamais de faim aux
disettes pressantes, comme celle qui
arriva au Siege de Jerusalem, quarante ans aprés la mort du Sauueur, comme
le justifie Joseph en son Histoire Iudaï-
que. Sentiment contraire à celuy de
Gabriel de Castagne, & autres de sa
caballe, qui veulent que l'or pris par la
bouche, soit le plus grand des antido-
tes, quoy que ce soit un poizon, qui par
son odeur tuë les mineurs qui le tirent.

Pour encore faire connoistre, que la
corne de Licorne n'est point cardiaque,
c'est qu'elle n'a ny odeur, ny goust, non
plus que les os, & partant n'a pas plus
de vertu.

# CHAP. XXXXVII.

*Reflexion de l'Auteur sur la faute des Geo-*
*graphes, du placement de la Zemble, & de*
*Groenland, & de certains qui ont ecrit*
*du Voygatt & des Samojedes.*

DEPUIS mon retour des païs Sep-
trentrionaux, m'estant tombé entre les mains plusieurs cartes Geogra-
fiques de divers Auteurs celebres, je
m'estonne de ce que tous manquent au
placement de la Zemble, qu'ils mettent beaucoup moins avant dans le Pol
Artic qu'elle n'est, à l'Est-Nord-Est de
la Lapponie, quoy qu'elle soit tendante
plus au Nord, & la mettent aussi sepa-
rée de la Mer, & éloignée de Groenland de plus de douze cens lieuës, quoy
que ces deux terres soient contiguës
l'une de l'autre, les côtes de Groenland aboutissantes à celles de la Zemble, de telle sorte que si la quantité des
neiges, & la rigueur du froid ne ren-

doit pas ces lieux inhabitables, on pourroit facilement aller par terre de
Groenland à la Zemble, & de la Zemble passant les Patenostres entrer dans
la Samojessie, pour delà aller dans la
grande Tartarie, ou venir en Moscovie,
comme voyé par cette petite carte.

Ie m'estonne aussi de ce qu'ils ne font
ce détroit appellé Voygatt plus long

de dix lieuës Françoises, en ayant plus
de trente cinq d'Allemagne, & nous
montrent que par ce détroit nos Vaiſſeaux peuvent entrer dans la grand'
Mer de Tartarie, ce qui ne ſe peut, quoy
que l'on nous veulent faire acroire,
que du temps du Prince Maurice de
Naſſau, un Vaiſſeau Hollandois y paſſa
& entra en cette Mer de Tartarie (fauſ-
ſeté manifeſte) ainſi que je l'ay fait voir
au Chap. 37. ce détroit eſtant borné,
comme je l'ay desja dit, des Patenotres, qui ſont montagnes, dont la moin-
dre a pour le moins demie lieuë de hauteur, que l'on dit eſtre toutes de glaces,
qui ne ſe fondent jamais. Ce que je
puis aſſurer, pour avoir eſté dans ce détroit & proche de ces montagnes pendant la canicule, qui eſt la plus chaude
ſaiſon de l'année, où j'y ay eu grand
froid, l'Hyver durant toûjours en ce
païs-là, ainſi que l'Eſté és terres des
Perroquets & Magelanique, qui ſont
dans le Pol Antarctique.

Comme les terres Auſtralles ſont

nommées inconnuës, l'on peut de mesme appeller les Septentrionalles, au delà desquelles, si nous y allions, soit par Mer ou par Terre, nous découvririons sans doute des terres habitées, que nous pourrions nommer nouveaux mondes, à l'imitation de Christophe Colomb, de Magellan, & autres qui ont ainsi nommé celles qu'ils ont découvertes, suivant le sentiment de Démocrite, d'Epicure, & de Metrodore, qui veulent qu'il y ait plusieurs Mondes, contre celuy d'Hermes, Trismegiste, & de Platon, qui veulent qu'il n'y en ait qu'un, que Dieu a fait à son image & semblance, nul Homme n'en pouvant connoistre la fin, ny le commencement, le haut, le bas, ny le milieu; quoy que les Geographes en leurs Planispheres nous fassent voir le contraire par le Pol Arctic qu'ils font le plus haut du Monde, l'Antarctique le bas, & l'Equateur le milieu. A quoy ne s'accorde pas Strabo, qui veut que le milieu du Monde soit le Mont de

Parnasse en Grece, Berose, le mont
Ararat en Armenie, & plusieurs autres
que c'est Jerusalem, fondez sur les pa-
roles du Prophete Royal, *il a fait l'œu-*
*vre de nôtre salut au milieu de la terre.*

Je voudrois bien sçavoir de nos Geographes, où ils placent la vieille Zemble, je croy que s'ils avoïent esté en la
nouvelle, ils reconnoistroient qu'il n'y
a que celle-là, que la nouvelle Hollande, Vest-Frise, & le Cap d'Hyver, sont
dans le détroit du Voygatt, non au delà
dans la grande Mer de Tartarie, où ils
les mettent. Et celuy qui a fait la Rela-
tion de l'Etat du Grand Duc de Moscovie, parlant des Samojedes, s'il avoit
esté dans leur païs, & eu leur frequen-
tation, il n'auroit pas mis, qu'ils mangent les étrangers, que le Grand Duc
leur envoye des criminels pour estre
devorez d'eux, ce qui n'est pas : Quoy
que mal faits de corps & d'esprit, sans
connoissance de Dieu, sans crainte des
tourmens en l'autre monde, croyans
que leurs corps mourans, leurs ames

meurent auſſi, qu'ils ſoient des plus miſerables de la terre, ne vivans en Eſté que de chair d'Ours, Loups, Renards, Zoublines, Corbeaux, Aigles & autres ſauvagines qu'ils mangent à la chaſſe ſans eſtre cuite, & dans leurs cabanes ſeulement boucanée, en Hyver rien que de la ſechée au Soleil, qu'ils ont fait proviſion l'Eſté, ſi ce n'eſt que par hazard ils tuent quelques Ours qui viennent pour les devorer dans leurs cabanes, ne trouvans rien en la campagne : Toutesfois ils ne laiſſent pas d'eſtre bons hoſpitaliers, recevans les eſtrangers comme eux, ſans leur faire de tort, quoy qu'ils paroiſſent fort cruels & méchans, ne l'eſtans pas, mais ſimples, ce qui eſt ſurprenant, pour étre voiſins des plus méchans du monde, qui ſont les Tartares & les Tingoeſes, qu'ils frequentent fort, & negocient avec eux, ainſi qu'ils font avec les Siberiens, Borandiens & Lappons.

# F I N.

9 782019 229733